LE PÉRIL

DE

LA SÉPARATION

DE L'ÉGLISE ET DE L'ÉTAT

PAR

Fernand BUTEL

DOCTEUR EN DROIT, ANCIEN SUBSTITUT

Avec des lettres de S. Ém. le Cardinal Archevêque de Toulouse
et de S. G. Mgr l'Évêque de Rodez.

PARIS

LETOUZEY ET ANÉ, ÉDITEURS

17, RUE DU VIEUX-COLOMBIER

LE

PÉRIL DE LA SÉPARATION

DE L'ÉGLISE ET DE L'ÉTAT

[illegible]

[illegible]

LE PÉRIL

DE

LA SÉPARATION

DE L'ÉGLISE ET DE L'ÉTAT

PAR

Fernand BUTEL

DOCTEUR EN DROIT, ANCIEN SUBSTITUT

———

Avec des lettres de S. Ém. le Cardinal Archevêque de Toulouse
et de S. G. Mgr l'Évêque de Rodez.

PARIS

LETOUZEY ET ANÉ, ÉDITEURS

17, RUE DU VIEUX-COLOMBIER

———

Tous droits réservés.

LETTRE

DE S. ÉM. LE CARDINAL ARCHEVÊQUE DE TOULOUSE

A L'AUTEUR

ARCHEVÊCHÉ

DE

TOULOUSE

Toulouse, le 29 octobre 1888.

Monsieur,

Des questions qui s'agitent aujourd'hui, l'une des principales est bien celle de la séparation de l'Église et de l'État. Vous en avez compris l'importance, et, en véritable chrétien, vous n'avez pas voulu rester étranger à la lutte. Dans votre petit livre vous avez parfaitement condensé les vraies doctrines sur les rapports qui doivent unir les deux pouvoirs. Puis, partant de ces principes, vous avez, avec une grande netteté, montré les conséquences désastreuses de la séparation tant réclamée par certains partis.

Je vous félicite, Monsieur, et je forme des vœux pour que votre ouvrage se répande partout. En le lisant, beaucoup d'hommes, d'ailleurs bien intentionnés, mais égarés ou entraînés par le courant d'erreurs qui déborde de toutes parts, comprendront qu'au lieu de rompre les liens qui unissent encore l'Église à l'État, il est souverainement important de les resserrer; qu'au lieu de dénoncer le Concordat, qui rallie la France au centre de l'Église catholique, il faut le défendre résolument contre les attaques auxquelles il est en butte ; que les faibles dépenses occasionnées par le budget des cultes sont compensées au centuple par le profit que retire notre patrie du maintien assuré des pratiques religieuses ; que l'exemption de quelques charges civiles et du service militaire conservée encore au clergé, loin de nuire au bien public, est pour tous du plus grand avantage.

Merci donc, mon cher Monsieur, de votre excellent livre, et que Dieu vous en récompense.

Veuillez agréer, mon cher Monsieur, l'assurance de tout mon dévouement en N.-S. J.-C.

† FL. Card. DESPREZ,
Archevêque de Toulouse et de Narbonne.

LETTRE

DE MGR L'ÉVÊQUE DE RODEZ

ÉVÊCHÉ
DE RODEZ
ET
DE VABRES

Rodez, le 31 octobre 1888.

Cher Monsieur,

Je viens de parcourir avec un grand intérêt l'opuscule que vous m'avez communiqué et que vous avez intitulé : *le Péril de la séparation de l'Église et de l'État.*

Il est bien rare qu'un laïque, si instruit soit-il, ait des idées aussi justes que celles que vous exposez sur le vrai caractère de l'Église et la notion de cette société. Vous parlez avec l'exactitude d'un théologien, et vous vous séparez avec grande raison de cette masse de jurisconsultes et d'écrivains qui ne voient dans l'Église qu'une corporation sacerdotale, contre les soi-disant privilèges de laquelle il est de bon goût de s'élever et de réagir.

À ce premier point de vue, vous serez donc lu avec fruit et grande utilité. On apprendra de vous à connaître ce qu'est réellement l'Église, et, par là-même, à respecter ses droits. Cette connaissance de la société ecclésiastique se produira d'ailleurs d'autant plus dans les esprits non prévenus, que la forme sommaire et analytique, je dirais presque catéchistique, que vous donnez à votre travail, ne permet point aux idées de se noyer dans une vague phraséologie et fait ressortir tout au contraire avec une grande clarté les doctrines que vous voulez exprimer.

Je ne puis donc qu'applaudir pour ma part à la publication de cet opuscule, que les esprits qui n'ont pas le temps de faire de longues recherches et veulent pourtant avoir sous la main des notions succinctes et exactes liront avec autant de profit que de sûreté.

Veuillez agréer, Monsieur, l'assurance de mes sentiments dévoués dans le Seigneur.

† ERNEST,
Évêque de Rodez.

AVANT-PROPOS

La séparation de l'Église et de l'État est à l'ordre du jour.

Tous les esprits sérieux et loyaux ont le devoir et le besoin de se faire, à ce sujet, une opinion non pas seulement d'impression ou de sentiment, mais de *principes*.

Nous serions heureux que ce petit livre pût les y aider.

Il n'a la prétention ni de dire tout ce qu'il faut dire ni de dire des choses nouvelles. Exposer l'état de la question, combattre quelques préjugés, rassembler les preuves les plus saillantes et fournir quelques éléments de décision empruntés à la doctrine catholique : voilà son objet.

On a pu regretter trop souvent que,

dans les discussions publiques ou privées où s'agite le sort de notre Église de France, on ne fît appel qu'à des arguments d'ordre inférieur, à des raisons politiques ou budgétaires, comme s'il ne s'agissait que d'une loi de finances ou d'administration.

Qu'on le veuille ou non, la question du Concordat est avant tout une question *religieuse*.

Il nous a semblé opportun de l'étudier à ce point de vue, en commençant par affirmer les principes nécessaires et en essayant ensuite de les adapter aux situations contingentes, autrement dit, aux possibilités de la politique.

LE

PÉRIL DE LA SÉPARATION

DE L'ÉGLISE ET DE L'ÉTAT

———❈———

CHAPITRE I

LES PRINCIPES SUR LES RAPPORTS DE L'ÉGLISE ET DE L'ÉTAT

I. — La nature et les droits de l'Église.

Dès les premiers pas, nous voici obligés d'entraîner le lecteur sur le terrain de la philosophie. Si bref que nous nous proposions d'être, nous ne nous dissimulons pas que l'épreuve est un peu périlleuse ; certains pourront la trouver un peu rebutante. A notre époque, on est si éloigné des abstractions, si amoureux des faits et des conclusions pratiques !

Cependant, pour traiter sûrement notre sujet, il est indispensable de commencer par

une exposition au moins sommaire des principes.

Comment se rendre compte, par exemple,
des modalités de fait dont la politique ou toute
autre cause peut affecter les droits de l'Église,
si l'on n'est préalablement édifié sur l'essence
et la légitimité de ces droits?

Que l'on veuille donc bien prêter quelques
instants d'attention au développement suc-
cinct des vérités qui vont suivre, et dont la
connaissance aidera puissamment à résoudre
tous les problèmes de la matière.

Ici, une observation préliminaire est indispensable.

La doctrine que nous allons exposer est
exclusivement catholique. Nous partons de
vérités certaines et connues à priori, dont
nous n'avons pas à donner la preuve, ne faisant pas une œuvre d'apologétique : la fin dernière de l'homme est le salut éternel ; l'Église
a reçu immédiatement de Jésus-Christ Dieu
la mission de nous faciliter l'obtention de
cette fin, en nous dispensant la vérité, dont
elle a le dépôt infaillible et exclusif.

Voilà ce qui doit être hors de toute discussion. Celui qui ne croit ni à la divinité de
Jésus-Christ ni à celle de l'Église ne nous

lira évidemment pas sans prévention. Cependant, même pour celui-là, la lecture de ces pages ne peut être inutile : si elles ne le convertissent pas, elles le convaincront au moins de ceci, qu'il n'y a dans les prétentions de l'Église rien que de loyal, de logique et de grand.

Rien de moins commun, parmi les catholiques eux-mêmes, que la notion exacte de la nature de l'Église.

On connaît l'Église, parce qu'on la voit ; on voit son organisation, ses temples, ses œuvres, ses ministres, mais comme on voit agir et marcher les innombrables rouages des administrations diverses dont se compose l'État.

Pour l'immense majorité, l'Église est un corps de fonctionnaires, ce n'est pas une *société*.

Erreur fondamentale qu'il faut combattre en deux mots.

Toute nation, — disons, pour bien limiter la thèse, toute nation catholique, — présente le spectacle de deux grandes sociétés, dont l'action s'exerce sur le même territoire et sur les mêmes hommes : la société religieuse et la société civile, plus brièvement l'*Église* et l'*État*.

Est-il besoin de rappeler que l'on entend

par *société* toute agrégation de personnes qui poursuivent une même fin par des moyens communs et appropriés[1]?

Si nous prenons au hasard deux sociétés, nous pouvons concevoir entre elles les deux situations suivantes.

Ou bien ces deux sociétés étant égales et *parfaites*, c'est-à-dire pourvues en soi des moyens suffisants et n'ayant rien à demander aux autres pour atteindre leur fin, vivent dans une *indépendance réciproque* absolue. C'est le cas de deux États différents, comme la France et l'Angleterre, qui ne sont réunis que par des rapports de bienveillance internationale.

Ou bien l'une de ces deux sociétés n'est qu'une partie, qu'une subdivision de l'autre, comme peuvent l'être au sein de l'État français tels et tels corps constitués, l'Institut, par exemple, qui ne sont que des formes particulières de l'activité nationale. Dans ce cas, il est évident que le seul rapport possible est la *subordination absolue* de la partie au tout.

Laquelle de ces deux situations convient aux rapports entre l'Église et l'État?

---

[1] Tarquini, *Droit public ecclésiastique*, n° 6.

Ni l'une ni l'autre.

Ni l'indépendance réciproque absolue; car, ainsi que nous allons le voir, si l'Église doit être indépendante de l'État, celui-ci ne peut être en toute chose indépendant de l'Église.

Ni la subordination absolue, car si l'État doit être dépendant de l'Église, cela n'est vrai que pour un certain ordre de faits très déterminé, hors duquel il est souverain.

Comment donc dégager la véritable formule?

Une dernière considération va nous le permettre.

Ce qui caractérise une société, ce qui détermine non seulement sa moralité intrinsèque, mais son classement vis-à-vis des autres sociétés, c'est sa *fin*, c'est-à-dire le but auquel elle tend. Tant vaut la fin, tant vaut la société. Il en résulte qu'entre deux sociétés, la meilleure, la plus respectable, celle dont les intérêts doivent prévaloir en cas de conflit, ce n'est pas celle dont l'importance extérieure ou territoriale est la plus considérable, mais celle dont la *fin* est de l'ordre le plus éminent, le plus général.

C'est là un principe incontestable.

Or, qui niera que la fin de l'Église, consis-

tant à conduire les hommes au souverain bon-
-heur par les voies surnaturelles, l'emporte
infiniment sur la fin, d'ailleurs excellente, de
l'État, dont l'essence est de procurer aux sujets
la félicité temporelle, c'est-à-dire un intérêt
secondaire et passager ?

Si l'on nous accorde ces vérités, il faut nécessairement en arriver aux conclusions suivantes :

En premier lieu, l'Église, en tant que société extérieure, doit être *indépendante de
l'État.*

En second lieu, l'État doit être *subordonné
à l'Église, en tout ce qui est d'ordre spirituel.*

Que l'on ne nous accuse pas de restreindre
outre mesure la part due à l'État. Nous ne faisons qu'appliquer l'adage : A chacun le sien.
Tant que l'État demeure sur le champ et dans
les limites de son action propre, qui a pour
objet la protection des intérêts temporels, le
développement de la prospérité nationale, la
sécurité publique, intérieure et extérieure,
le fonctionnement des grands services publics,
diplomatie, finances, travaux, agriculture, et
tout ce que l'on pourra imaginer dans cet
ordre d'idées, il est souverain ; l'Église n'a

rien à y voir et ne pourrait s'ingérer dans ces matières sans une flagrante usurpation.

Mais dès que l'action de l'État vient à se heurter, dans son exercice, à un intérêt d'ordre spirituel ; si, par exemple, cette action viole ou compromet quelque précepte divin, naturel ou positif, si elle engage l'interprétation de la loi divine dans un sens opposé à celui qu'en donne l'Église, dépositaire de la vérité traditionnelle et révélée, alors surgit un conflit, qui ne peut être tranché, d'après les données de la saine raison, que par l'autorité à qui appartient le dernier mot en matière de doctrine morale et religieuse : or cette autorité est évidemment l'Église.

Quoi de plus juste et de plus logique ?

Et cependant que d'esprits s'insurgent contre ces conséquences ! Les uns affecteront de croire que l'Église rêve de ressaisir la suprématie temporelle exercée par elle au moyen âge. D'autres se contenteront de crier aux empiétements, aux envahissements du pouvoir spirituel sur le pouvoir civil.

Or rien n'est plus faux. Si l'on a suivi notre raisonnement avec attention et bonne foi, on aura vu que la seule prétention de l'Église est de conserver, dans le domaine propre qu'elle possède en vertu de son institution divine, les prérogatives sans lesquelles son existence et son unité seraient à chaque instant compromises. Ce qu'elle demande à l'État, c'est de respecter ces prérogatives et de ne rien faire qui puisse y porter atteinte.

Mais, dit-on parfois, le domaine propre de l'Église est le *for intérieur :* qui empêche qu'elle y soit libre ? Nul ne l'y inquiétera ; qu'elle s'en contente et ne réclame rien au delà.

Nous répondons que cette soi-disant liberté ne suffit pas. Pour agir sur les âmes, l'Église a besoin de moyens extérieurs. On ne dirige pas, on ne redresse pas les individus par des spéculations purement métaphysiques. Autrement, il faudrait soutenir avec vraisemblance que, pour assurer la justice dans la société civile, il suffit d'édicter un code pénal, puis de se croiser les bras. En instituant l'Église, Notre-Seigneur Jésus-Christ a dû pourvoir à tous ces moyens, sans quoi sa prévoyance eût été en défaut.

Mais qui ne sait qu'il y a positivement pourvu, dans des termes qui sont présents à toutes les mémoires chrétiennes [1] ?

[1] Matth. xvi, 18-19. « Tu es Pierre, et sur cette pierre j'édifierai mon Église, et les portes de l'enfer ne prévaudront point

L'Église est donc une société parfaite, parce que sa fin est la plus sublime de toutes et parce qu'elle possède en propre, et non point par délégation ou concession de l'État, les moyens suffisants pour l'atteindre.

Elle a un gouvernement, des institutions, un culte. Elle s'affirme et agit extérieurement non seulement par les sacrements ou moyens surnaturels qu'elle dispense aux fidèles, mais par tout un ensemble de moyens naturels inhérents à sa constitution propre, et que nous appelons ses *droits :*

Le droit d'enseigner, de porter des lois en toute souveraineté, de les promulguer, de les faire exécuter; le droit de diriger l'éducation morale et religieuse de l'enfance.

Le droit de juger, en vertu d'un pouvoir de juridiction propre et complet, impliquant des tribunaux spéciaux, une procédure et des sanctions spéciales.

Le droit de gouverner, de constituer librement sa hiérarchie.

Le droit de posséder, d'acquérir et de trans-

contre elle. Je te donnerai les clefs du royaume des cieux. Et tout ce que tu auras lié sur la terre sera lié aux cieux, et tout ce que tu auras délié sur la terre sera délié aux cieux. »

mettre, la propriété étant un moyen non seulement compatible avec sa fin, mais, en fait, absolument indispensable.

Le droit d'administrer les sacrements, d'exercer le culte publiquement, de choisir ses ministres, de régler librement les détails de sa discipline et de sa liturgie.

Voilà ce que l'État doit respecter et garantir à l'Église, car ces droits ne viennent pas de lui, mais de Dieu.

Si l'Église n'avait été armée, dès le principe, de cette constitution extérieure et indépendante; si, faite pour tous les temps et tous les lieux, elle avait dû compter, dans la suite des âges, sur la bienveillance plus ou moins précaire des gouvernements humains, sa fin surnaturelle eût été en péril : et cette immortalité, que lui a promise son divin fondateur, ne serait qu'une vaine duperie.

Il faut qu'elle soit libre; et liberté entraîne souveraineté dans l'ordre spirituel.

Il ne s'agit donc pas d'empiéter sur le domaine temporel. Les catholiques, on le sait bien, sont toujours et partout les meilleurs et les plus loyaux citoyens. La fidélité aux pouvoirs établis est un devoir de religion. Il n'est pas non plus question d'exempter les ministres ou les fidèles de l'obéissance due aux lois générales de l'État.

Il s'agit de reconnaître à l'Église le droit de se défendre contre les prohibitions, les entraves, les exigences qu'il peut dépendre d'un pouvoir défiant ou mal intentionné d'opposer à son ministère sacré.

Que l'État, par exemple, refuse à l'Église le droit d'enseigner, ou simplement de surveiller l'éducation religieuse de l'enfance dont les âmes lui sont confiées par Dieu, dira-t-on qu'elle est libre, parce qu'il lui reste le droit de faire isolément le catéchisme à l'enfant? Mais, outre que le temps matériel lui fera le plus souvent défaut, à quoi servira son enseignement, s'il est systématiquement combattu et détruit par un enseignement officiel qui dispose de toutes les influences et devant lequel elle reste impuissante?

Que l'État prétende s'opposer à la libre promulgation des bulles, brefs et autres actes législatifs de l'Église et les soumettre au contrôle arbitraire du Conseil d'État, dira-t-on qu'il respecte la liberté de l'Église, sous le prétexte qu'on peut être catholique de cœur sans être ultramontain? le bon sens répondra que non : car, si l'Église ne peut communiquer avec ses sujets aux heures opportunes et leur distribuer sa doctrine pure de toute interprétation équivoque, l'erreur, toujours aux aguets, finira par prendre dans les âmes la place de la vérité, et l'œuvre de l'Église sera détruite.

Que l'État, dans le but de satisfaire les passions d'une infime minorité, supprime et disperse les corporations que l'Église a instituées dans son sein et qu'elle juge utiles au bien des âmes, dira-t-on qu'elle est libre parce que la violence matérielle ne frappe que le corps et que le for intérieur lui échappe? Amère dérision! Dans l'antiquité païenne, l'esclave, lui aussi, était libre dans son for intérieur de désirer le bien et le vrai; qui oserait pourtant soutenir que l'esclavage ne violait pas un droit naturel?

Ces exemples suffisent. Les conséquences que nous développons ressortent logiquement de la notion véritable de l'Église.

Ceux qui s'en effrayent sont-ils donc de si bonne foi? Il nous semble que si l'une des parties peut se plaindre des empiétements de l'autre, ce n'est guère l'État, qui, depuis quatre siècles, n'a rien perdu et a tout gagné dans ses démêlés avec l'Église. Qu'est-ce que l'histoire des concordats, sinon l'histoire des concessions arrachées à l'autorité religieuse ?

Plus équitables et plus soucieux de leurs devoirs, les pouvoirs politiques se croiraient engagés envers elle à une grande œuvre de réparation, en lui restituant au moins une partie de ces droits imprescriptibles dont elle a dû, à cause des difficultés des temps, restreindre ou suspendre l'exercice.

Ce n'est pas seulement par amour de l'équité et pour se garder des empiétements que l'État doit respecter et garantir les droits de l'Église, mais parce qu'en le faisant il remplit une de ses fonctions essentielles.

Revenons pour un instant au droit naturel. La fin prochaine et directe de l'État est sans doute d'ordre temporel. Cependant elle doit être en harmonie avec cette fin surnaturelle et dernière à laquelle tous, prince et sujets, sont conviés également.

En d'autres termes, s'il n'appartient pas à l'État comme à l'Église de conduire directement les hommes au ciel, il doit leur faciliter les moyens d'y parvenir en écartant de la route de l'Église les obstacles d'ordre temporel qui pourraient nuire à sa direction.

Tout se tient dans le monde moral, et Dieu n'a pu vouloir que les éléments dont se compose l'humanité se contrariassent entre eux.

On voit ainsi apparaître cette admirable et enviable conception de la société chrétienne, de la *chrétienté*, telle que le moyen âge, principalement au XIIIe siècle, l'avait réalisée : le pouvoir temporel chargé, dans chaque branche de la grande famille, de procurer aux hommes le bien physique et moral, d'être, suivant l'expression de l'Apôtre, *Dei minister in bonum* [1] ; puis, au-dessus de ces pouvoirs particuliers, l'Église de Dieu, investie par son institution apostolique, aussi bien que par un droit public librement et universellement consenti, du droit de ramener le prince et les sujets à l'observation des commandements de Dieu, en leur enseignant, au prince la justice, aux sujets l'obéissance.

Cet idéal, disons-nous, a été réalisé, en dépit de difficultés, d'obstacles et de révoltes inséparables de la condition humaine. On en pourrait donner de nombreux témoignages ; en voici un, choisi à dessein.

Au plus fort des luttes de l'empereur d'Al-

---

[1] Rom. XIII, 14.

lemagne Frédéric Ier Barberousse contre le saint-siège, Louis VII, roi de France, lui écrivait ceci : « Ignorez-vous donc que Notre-Seigneur Jésus-Christ, pendant sa vie mortelle, a confié ses brebis à paître au bienheureux Pierre et à ses successeurs ? N'avez-vous pas vu dans l'Évangile que le Fils de Dieu dit au même prince des apôtres : « Simon, m'aimes-tu ? Pais mes agneaux. » Quel est donc le roi ou le prélat qu'il a excepté du troupeau [1] ? »

Les temps sont changés, sans doute ; mais le temps ne prescrit point contre la vérité. Ce qui était vrai au moyen âge l'est encore aujourd'hui. Le pape Léon XIII le proclamait hier encore, tout en tenant compte des circonstances de temps et de lieux qui peuvent modifier l'application rigoureuse des principes [2].

[1] Baronius, *Annales*, ann. 1162, § 10.

[2] « Comme la fin à laquelle tend l'Église est de beaucoup la plus noble de toutes, de même son pouvoir l'emporte sur tous les autres et ne peut en aucune façon être inférieur ni assujetti au pouvoir civil. » Encyclique *Immortale Dei*.

II. — Différents régimes sous lesquels peuvent vivre l'Église et l'État.

Il sera maintenant facile, nous plaçant à un point de vue plus concret, de juger le caractère et la valeur des différents régimes sous lesquels peuvent, en fait, vivre respectivement l'Église et l'État.

On peut les ramener tous à trois types bien tranchés :

Union intime des deux pouvoirs ou *religion d'État ;*

Régime mixte ou des *Concordats ;*

Séparation absolue de l'Église et de l'État.

Dans le premier système, les deux pouvoirs ne sont pas confondus, mais s'appuient étroitement l'un sur l'autre. L'État, tout en restant maître sur son domaine particulier, approprie et coordonne sa législation à celle de l'Église, en adoptant ses principes de morale et en assurant l'exécution de ses ordonnances. Les lois ecclésiastiques sont *lois de l'État.*

Dans le second système, les deux puissances, se reconnaissant respectivement souveraines chacune dans son domaine légitime, s'accordent entre elles pour régler librement certains points déterminés, concernant leurs rapports. Nous disons : certains points, car aucun concordat n'a pu ni voulu trancher l'ensemble des questions que soulève la discipline ecclésiastique[1]. Un concordat est un contrat, une *transaction*.

Le troisième système, enfin, repose, d'après M. Emile Ollivier, sur le principe suivant : « Il n'y a pas deux pouvoirs indépendants, le pouvoir spirituel et le pouvoir temporel, ayant des droits égaux et entre lesquels peuvent se faire des accords ou éclater des conflits. *Le pouvoir spirituel n'existe pas :* le pouvoir temporel seul est réel. L'Église n'est qu'une association ordinaire de citoyens dans un but religieux ; elle doit se soumettre à la loi commune, obéir à l'État comme toute autre association[2]. »

Et le même auteur ajoute avec loyauté : « Sous ses apparences de liberté, le système

______

[1] « Les dix-sept articles dont se compose le Concordat de 1801 atteignent à peine cinq ou six points sur le nombre presque infini des dispositions législatives dont se compose la totalité du droit canon. » Abbé Joly, *Étude sur le Concordat de 1801*, Paris, librairie de l'Œuvre Saint-Paul, 1881, p. 12.

[2] Émile Ollivier, *l'Église et l'État au concile du Vatican*, t. 1, p. 95.

de la séparation de l'Église et de l'État n'est qu'une des formes perfectionnées du régalisme, de *l'oppression de l'Église par l'État.* »

Et maintenant, lequel de ces trois régimes est le meilleur?

La réponse n'est pas douteuse. Évidemment le meilleur, le plus rationnel, le plus désirable pour les catholiques, est celui de *l'union intime*, et osons dire le mot, de la *religion d'État.*

Je sais bien que cette affirmation va heurter de tenaces préjugés. J'entends bien parler de conquêtes de quatre-vingt-neuf, de réaction, de théocratie, dire que nous violons la liberté de conscience, que l'Église elle-même a renoncé à cette chimère. Mais on me permettra de dire qu'il est facile de s'indigner, moins facile de dire pourquoi.

En ce qui concerne la prétendue violation de la liberté de conscience, le lecteur trouvera la réponse un peu plus loin, quand nous en serons à examiner les arguments des séparatistes.

Pour le moment contentons-nous d'insister sur la démonstration directe que contiennent en germe les principes déjà exposés plus haut.

La réalisation du plan divin que nous avons

esquissé et auquel tous les hommes, qu'ils le veuillent ou non, sont appelés à concourir, ne sera jamais complète ni certaine que par le concours des deux pouvoirs religieux et civil. Comment admettre qu'en associant leurs efforts pour conduire l'homme à sa destinée bienheureuse, ils n'accomplissent pas la volonté formelle de Jésus-Christ ?

La vérité est *une*. L'intelligence n'a pas seulement pour devoir de chercher la vérité. Elle doit y adhérer exclusivement dans ses actes. L'indifférence pratique est en morale aussi impossible et aussi monstrueuse qu'en mathématiques. On n'a pas plus le droit de croire que le *bien* est *mal* que de croire que deux et deux font cinq.

Mais de ce qu'il n'est pas permis d'être indifférent entre la vérité et l'erreur, résulte cette conséquence que l'erreur ne peut avoir à la protection le même droit que la vérité, et que ces deux rivales, qui s'excluent réciproquement, ne sauraient vivre côte à côte dans une égalité officielle aussi outrageante pour la raison que funeste pour les âmes. Autrement ce serait l'anarchie.

Comment pourrait-on contester ces vérités ?

Théorie bonne pour les individus, objectera-t-on. Mais l'État? comment exiger qu'il assume la charge de démêler le vrai du faux, qu'il entre dans les querelles théologiques ? Qu'est-ce que l'État, sinon la collectivité d'une foule d'intelligences dont chacune a ses préférences ? Favoriser l'une aux dépens des autres serait manquer à la justice.

Erreur ! l'État n'est pas une abstraction, c'est un composé parfaitement concret ; il se personnifie dans les gouvernants, c'est-à-dire dans des individus doués de personnalité, libres et responsables, capables de connaître la vérité et obligés d'y conformer leurs actions. L'État irresponsable est une conception révolutionnaire, très commode pour le despotisme, mais absolument opposée à la nature des choses. N'est-il pas absurde que des hommes qui demeurent pour leur conduite particulière tenus à l'observation de la loi religieuse, en deviennent absolument indépendants dès qu'il sont appelés à diriger leurs semblables ?

Nous insistons sur ce point parce que ce n'est pas seulement la religion d'État qui s'y trouve intéressée. Qu'il s'agisse de combattre cet idéal de l'union intime ou tel autre régime moins parfait dont l'Église accepte l'opportunité, comme le concordat, le grand motif allégué est que l'État n'a pas qualité pour avoir une opinion religieuse. Obligé par nature, d'être strictement *neutre*, comment ferait-il pour se prêter, je ne dis pas seulement à professer officiellement un culte, mais à composer avec telle ou telle religion particulière ?

On ne fait pas attention que, tous les jours, l'État se prononce et impose sa manière de voir dans des questions beaucoup moins bien définies, que les questions doctrinales et où les intérêts privés sont cependant directement compromis.

Se fait-il scrupule d'imposer tels ou tels systèmes économiques, comme le libre échange, qui peuvent, en enrichissant la moitié du pays, ruiner l'autre ?

« La société s'occupe de pédagogie, de chimie, de médecine, d'algèbre, d'histoire, d'art : pourquoi ne ferait-elle pas de la théologie et de la morale ? La société est une synthèse d'intelligences ; elle peut arriver à la vérité sur tout, à la condition d'employer les spécialités dans chaque genre[1]. »

[1] R. P. At, *le Vrai et le Faux en matière d'autorité et de liberté*, 2 vol., Tours, 1874, t. II, p. 50.

Ne soutenez donc pas que l'État doit, par nécessité de nature, se désintéresser du choix d'une religion [1].

Il le doit d'autant moins que de la solution de cette question dépend en grande partie sa prospérité matérielle.

Supposez les lois d'une nation absolument chrétiennes : les commandements de Dieu respectés ; les entreprises de l'apostolat encouragées ; les mœurs publiques garanties par une rigide surveillance ; la conscience du faible, de l'ignorant, protégée contre l'infâme propagande du mal ; les ressources pécuniaires réservées aux progrès chrétiens, au lieu d'alimenter tant d'œuvres qui ne servent qu'à engendrer et multiplier le doute et la corruption. Quel travail de moralisation, d'assainissement, de relèvement, ne se ferait-il pas au sein de nos sociétés contemporaines, où la force matérielle semble être parfois impuissante à maintenir à la surface une paix troublée !

---

[1] « Il faut que la société donne aux citoyens les moyens de passer leur vie selon l'honnêteté, c'est-à-dire selon les lois de Dieu, puisque Dieu est le principe de toute honnêteté et de toute justice : il répugnerait donc absolument que l'État pût se désintéresser de ces mêmes lois ou même aller contre elles en quoi que ce soit. » Encyclique *Libertas*.

Vous nous parlez d'une société idéale, dira-t-on ; c'est très beau, mais impraticable.

Pourquoi donc ? Il est vrai que la nature humaine est portée au mal ; mais doit-on tenir pour absurde un type né de la nature des choses, conforme à la raison éternelle, parce que sa réalisation pratique peut se heurter à des difficultés ?

Si l'effort auquel peut se plier une société, même la plus chrétienne, est et sera malheureusement toujours éloigné de la perfection, cet état de choses vaudra mieux que l'état contraire, qui brise volontairement avec cette perfection.

S'approcher de l'ordre, c'est progresser ; s'en éloigner, c'est déchoir.

D'ailleurs est-il vrai que l'idéal soit irréalisable ? Notre vieille France ne lui doit-elle pas sa glorieuse histoire, dont les phases troublées, bientôt suivies de relèvement, n'ont servi qu'à montrer la puissante vitalité qu'elle avait reçue du christianisme ? Avec l'union des deux pouvoirs, la France a vécu quatorze siècles. Cent ans à peine nous séparent du jour où l'alliance a été brisée : devons-nous être fiers de notre état social ?

On nie, il est vrai, que l'étroite union de

1*

l'État et de l'Église ait eu dans le passé d'aussi heureux résultats. Que d'oppressions, que d'abus! La corruption du clergé a-t-elle été plus grande qu'aux époques où la protection du pouvoir lui était le plus assurée?

La réponse est aisée. Quand on parle de religion d'État, il faut prendre la chose comme l'Église l'entend et la désire, et non pas sous la forme que les pouvoirs civils ont pu lui imposer dans un intérêt politique.

On croit que la religion d'État signifie nécessairement oppression des autres croyances : cela est faux. Jamais l'Église n'a émis la prétention de convertir les dissidents par la force. Son génie, ses mœurs, sa doctrine s'opposent à la violence[1]. Rien n'empêche que dans un pays où règne la religion d'État, les dissidents puissent en toute sécurité professer leurs opinions religieuses.

[1] Le pape saint Grégoire le Grand écrivait à un évêque de Terracine : « C'est par la douceur et les exhortations qu'il faut appeler les infidèles au christianisme ; il ne faut pas les en éloigner par les menaces ni par la terreur. » *Lettres*, liv. I. xxxv. — « Si l'on voulait employer la violence pour servir la vraie foi, la doctrine des évêques s'y opposerait, et tous diraient avec raison : « Dieu ne veut pas d'une confession forcée. « C'est avec simplicité qu'il faut chercher Dieu ; c'est par la « droiture de la volonté qu'il faut s'attacher à lui. » S. Hilaire de Poitiers, *Ad Const.*, liv. I, ch. vi.

Et la révocation de l'édit de Nantes? Et les violences exercées contre les protestants?

Qui vous dit que l'Église les ait approuvées? Je vois bien Bossuet et l'immense majorité des catholiques français se réjouissant comme d'un grand bienfait de l'unité religieuse promise par Louis XIV; je n'entends nulle part l'Église autorisant les dragonnades. Au contraire, partout le clergé, Bossuet, Fénelon, Fléchier, Coislin, l'abbé de Fleury et bien d'autres s'interposent auprès de l'autorité en faveur des persécutés. La violence est la part du pouvoir royal, exposé, comme tout pouvoir exclusivement humain, à dépasser la mesure.

L'Église s'est toujours bornée à demander à l'État d'empêcher les manifestations publiques et extérieures de nature à troubler l'ordre établi.

Que l'on étudie avec bonne foi l'histoire des guerres religieuses, et l'on reconnaîtra que le protestantisme n'a provoqué, aux XVIe et XVIIe siècles, les rigueurs des pouvoirs politiques que parce qu'il a voulu sortir du domaine de la conscience et s'imposer violemment au dehors. « Il fut rebelle, dit Joseph de Maistre, dès qu'il eut le pouvoir de l'être. »

Au reste on se ferait une idée assez erronée de l'union intime de l'Église et de l'État si on la jugeait d'après le spectacle qu'en offrent les dernières années de l'ancien régime.

On considère assez communément notre ancien gouvernement comme une *théocratie* où les deux pouvoirs spirituel et temporel étaient confondus, au grand avantage du premier, qui, tout en paraissant désarmé, n'en exerçait pas moins sur toute la société une autorité tyrannique.

Un coup d'œil rapide sur l'histoire nous convaincra du contraire.

Si l'on veut rencontrer la théocratie, c'est-à-dire le gouvernement des prêtres, il faut remonter à l'antiquité. La plupart des peuples anciens étaient constitués théocratiquement, soit parce que les chefs d'État étaient en même temps grands pontifes, comme il advint chez les Juifs à certaines époques; soit parce que la législation religieuse était en même temps législation civile ; soit parce que l'organisation sociale procédait essentiellement du droit religieux.

Rome en fournit un exemple remarquable.
« Que le Sénat, représentant de la caste sacrée
au commencement de la république, réunit
et confondit dans son pouvoir la direction
suprême de l'autorité politique et la direction
suprême de l'autorité religieuse, c'était un
fait admis de tous, sans qu'on cherchât à en
scruter le principe, parce qu'il n'était pas
en contradiction manifeste avec l'idée qu'on
se faisait de la religion[1]. »

On sait que le souverain pontificat était
la première et la plus essentielle des charges
des empereurs. Alors il est juste de dire
que les pouvoirs étaient absolument *confondus*.

Ce fut l'œuvre du christianisme d'opérer
entre le spirituel et le temporel la séparation, la seule possible, disons mieux, la *distinction* fondée sur la différence essentielle
de leurs fins.

L'idée était nouvelle et entièrement étrangère aux traditions romaines. Ce n'est pas
sans peine que l'Église parvint à la faire
accepter par les empereurs chrétiens, et plus

---

[1] Roblou et Delaunay, *les Institutions de l'ancienne Rome*,
Paris, Didier, 1884, t. I, p. 419. — Voy. également Bouché-
Leclerc, *les Pontifes et l'ancienne Rome*, pp. 310-311.

tard par les princes du moyen âge. Elle y consacra toute son énergie. L'histoire des longues luttes entre le sacerdoce et l'empire n'est pas autre chose. Les ignorants se représentent l'Église comme rêvant d'asservir l'État à sa domination. La vérité est que le pouvoir politique avait absorbé l'autre et créé dans la société un effroyable désordre en attirant à lui toutes les élections, les *investitures*, et en disposant à sa guise des charges sacrées. Les grands papes qui ont arraché l'Église à cet asservissement ont à coup sûr combattu pour l'affranchissement de la liberté humaine.

Des protestants ne se sont pas fait faute de le reconnaître.

« Grégoire VII a voulu réformer l'Église, et par l'Église la société civile, y introduire plus de morale, plus de justice, plus de règle[1]. »

« Ceux-là même qui se montrent les ennemis de Grégoire sont obligés d'avouer que l'idée dominante de ce pontife, l'indépendance de l'Église, était indispensable pour la propagation de la religion, pour la réforme de la société, et que pour cet effet il fallait rompre tous les liens qui jusqu'alors avaient

---

[1] Guizot, *Histoire de la Civilisation en Europe*, t. I, p. 79.

enchaîné l'Église à l'État, au grand détriment de la religion[1]. »

Cette distinction des pouvoirs rudement conquise, l'Église n'en jouit guère en paix. Dès le XIVe siècle s'opère un grand mouvement de retour vers le régime de confusion, qu'on aurait cru mort avec le paganisme. Grâce à l'ambition et à la cupidité des princes séculiers, aux idées de domination césarienne ressuscitées et soigneusement servies par les légistes, le pouvoir politique tend de plus en plus à empiéter sur les droits de l'autorité spirituelle, guide, régulatrice et juge des consciences, et finalement se substituer à elle. Dans quel intérêt, on le devine. Quand l'autorité et la suprématie du pouvoir spirituel sont reconnues, les âmes sont réellement indépendantes, parce que les abus du pouvoir politique peuvent être contrôlés et refrénés. Il est douteux que certains excès, tant reprochés à la monarchie absolue aux XVIe et XVIIIe siècles, eussent été possibles si elle avait trouvé en face d'elle l'Église pour lui dire, comme au moyen âge, au nom de la loi divine méconnue, l'inflexible *Non licet.*

---

[1] Voigt, *Histoire de Grégoire VII*, trad. Jager, t. II, p. 461.

Dans les derniers temps de la monarchie, loin que le pouvoir spirituel dominât le pouvoir civil, c'était plutôt le contraire. Qu'on se rappelle la Déclaration de 1682, arrachée à la complaisance de prélats courtisans ; les empiétements des parlements sur le for ecclésiastique dans l'affaire de la bulle *Unigenitus;* la suppression arbitraire des congrégations religieuses sous Louis XV, etc.

L'ancien régime en décadence n'a donc nullement réalisé l'idéal d'union intime, regardé par l'Église comme enviable et nécessaire.

Ceci nous amène à une considération bien frappante et sur laquelle on ne réfléchit pas assez.

Si l'Église catholique n'était inspirée que par des motifs d'ordre purement naturel et humain, si elle s'estimait au même poids que les fausses religions, ce n'est pas dans les principes que nous avons exposés qu'elle devrait chercher la règle de ses rapports avec l'État. Son intérêt extérieur se serait accommodé bien mieux d'autres expédients :

Ou bien, sacrifiant son indépendance à son repos, elle aurait fait comme l'Église anglicane, comme l'Église russe, et accepté de l'État une servitude dorée ;

Ou bien, au contraire, désireuse d'échapper à un allié si facilement oppresseur, elle aurait réclamé, avec le principe de la séparation absolue, toute sa liberté d'action.

Elle ne l'a pas fait ; ce sont deux écueils qu'elle a soigneusement évités. Tout en proclamant la nécessité de l'alliance avec l'État, elle a soin de réserver tous ses droits de souveraineté.

Pas de séparation, mais l'*union* ; pas de confusion, mais la *distinction*.

Formule admirable et qui pare à tous les périls. Pour que l'Église s'y attache exclusivement, comme à un idéal vers lequel on doit tendre plus ou moins, suivant les circonstances, il faut donc qu'elle se préoccupe avant tout du bien des âmes et de la vérité.

Mais enfin l'Église connaît mieux que personne les exigences et les conditions des sociétés humaines ; elle sait qu'il y a des circonstances de lieux, de temps, de personnes, qui peuvent rendre sinon impossible du moins très difficile la réalisation de son idéal divin. Elle peut donc consentir, pour éviter de plus grands maux, à modifier dans leur exercice quelques points accessoires du droit social chrétien, tout en en maintenant la substance. C'est ce qu'elle fait dans les *concordats*, régime moins parfait sans doute, mais où les principes sont respectés.

Assurément il ne faut pas considérer les concordats comme la mesure et le *maximum* des droits de l'Église. La vérité est que dans ces conventions, et notamment dans le Concordat français, le saint-siège a poussé jusqu'à la dernière limite des concessions possibles. Mais, puisque l'Église a jugé son œuvre bonne et opportune, nous devons faire comme elle, et nous attacher respectueusement à la défendre.

Quant au troisième système, celui de la séparation de l'Église et de l'État, il se trouve nécessairement et suffisamment jugé par tout ce que nous venons de dire. C'est une erreur absolument condamnable en droit[1].

Il faut montrer qu'*en fait* elle est pernicieuse.

[1] Proposition LV du *Syllabus* : « L'Église doit être séparée de l'État et l'État de l'Église. »

CHAPITRE II

I. — Différents systèmes exprimés par ce mot.

Il est essentiel de bien s'entendre sur les termes.

Le mot *séparation de l'Église et de l'État*, comme toute cette « phraséologie abrutissante [1] » que nous a léguée la révolution, comporte les sens les plus divers, suivant les dispositions d'esprit de ceux qui l'emploient.

J'en relève au moins quatre, qui vont être examinés rapidement. Ils caractérisent suffisamment les quatre nuances d'opinion qui, en France, se disputent l'usage de cette formule. L'étude impartiale des faits prouvera que de la plus modérée à la plus violente, il

[1] Le Play, *la Réforme sociale en France*, ch. 62, § xi.

y a comme une progression fatale, irrésistible.
Ici comme ailleurs les derniers sont les plus
logiques.

La séparation de l'Église et de l'État signi-
fiera tour à tour :

Ou la *suppression du budget des cultes;*

On l'État *neutre;*

Ou l'État *athée;*

Ou l'État *persécuteur.*

Écartons la première notion, qui est insuffisante et mal fondée. La question du budget
des cultes n'est qu'une face de celle de la séparation. On verra plus loin que, la séparation
fût-elle prononcée, le budget des cultes n'en
resterait pas moins dû.

La formule de l'État *neutre* est beaucoup
plus significative. C'est à elle que se sont
ralliés beaucoup de catholiques, abusés par
le mirage de liberté qu'elle semblait pro-
mettre à l'Église : l'État indifférent à l'égard
de toutes les religions, assurant à toutes une
égale tolérance; l'Église vivant dans sa sphère,
sans se préoccuper de l'État; pour tout dire
d'un mot : *l'Église libre dans l'État libre.*

On vient de voir ce que vaut, au point
de vue théorique, ce système de neutralité.

En fait, c'est une *impossibilité*, une chimère.

Pourquoi?

Parce qu'il est *impossible à l'État neutre de respecter la liberté de conscience,* au sens légitime du mot.

Parce que la liberté de conscience elle-même, telle que la définissent les révolutionnaires, est *incompatible avec la neutralité de l'État.*

Si l'action des deux sociétés civile et religieuse s'exerçait sur des sujets différents, on pourrait concevoir de la part de l'État une certaine neutralité.

Mais les sujets sont les mêmes. Ce sont les mêmes hommes qui, recevant du pouvoir civil une injonction qui viole un commandement de l'Église, seront obligés de se poser la question : Auquel vaut-il mieux obéir?

Suivant la manière dont chacune des deux puissances comprendra le bien et le mal, le devoir, la vertu, la morale, le citoyen se constituera en révolte soit avec l'une, soit avec l'autre.

Conflit. Que fera l'État? En matière de morale religieuse il est évidemment incompétent. Le bon sens voudrait qu'il s'effaçât ; sa neutralité le lui défend. Acquiescer, ce serait prendre parti ; il ne le peut pas. J'ajoute qu'il ne le voudra pas, la raison du plus fort étant toujours la meilleure.

Prenons, par exemple, l'observation du *repos dominical*. D'après l'Église c'est un précepte de droit divin, obligeant sous peine très grave tous les chrétiens. Or on sait que notre gouvernement français, non seulement n'en tient aucun compte pour les ouvriers qu'il emploie, mais a fait abroger les lois qui l'imposaient aux particuliers.

On dit que la liberté de conscience est ainsi respectée. C'est tout le contraire. En obligeant de malheureux ouvriers au travail du dimanche, ou en refusant de les protéger contre les exigences de l'industrie, l'État pèse sur les consciences, puisqu'il les met dans une sorte de nécessité morale de commettre un acte mauvais.

Quand nous avons vu l'État, sous prétexte de neutralité, déclarer que l'école publique cesserait d'être confessionnelle, on n'a pas manqué de soutenir qu'ainsi le voulait la liberté de conscience des dissidents. Cependant si le père de famille se trouve, faute de ressources suffisantes, obligé de livrer son enfant à une école où on le tient dans l'ignorance de Dieu, quand on ne lui apprend pas à le haïr, sa liberté de conscience n'est-elle pas outrageusement violée ?

On dira : Ces exemples ne prouvent qu'une chose, c'est que le gouvernement actuel est sorti de la neutralité pour entrer dans la voie de la persécution.

Pas le moins du monde. L'État neutre ne pouvait agir autrement. C'est la loi de la neutralité de conduire à l'oppression.

Entendons-nous bien. Jamais mot n'a été moins compris que ce mot : *liberté de conscience*. Qu'on nous permette de nous y arrêter un instant.

Ainsi qu'on l'a fort bien dit, toute liberté se définit par son objet; elle est essentiellement positive. Une liberté purement négative, consistant à s'abstenir d'une chose, n'aurait aucun sens : on a besoin de la liberté pour jouir d'un bien, on n'en a pas besoin pour s'en passer. Jamais on ne définira la liberté de la presse, de la parole : liberté de ne pas écrire, de ne pas parler.

« D'après cela, que faut-il entendre par liberté de religion, liberté de conscience ?

Bien évidemment la liberté de pratiquer sa religion, la liberté d'obéir à sa conscience, la liberté de faire son devoir en face de quiconque voudrait en gêner le libre exercice. Aussi est-ce à ce titre que ces grandes libertés ont été introduites dans le monde, à titre de religion, à titre de conscience, à titre de *devoir* religieux ou moral, supérieur aux pouvoirs humains qui usurperaient les droits de Dieu et de la conscience. Ces libertés impliquent donc la religion et la conscience comme leur objet, sans lequel elles n'ont pas de raison d'être [1]. »

Comment comprendre que la liberté de conscience consiste à nier la conscience, à ne reconnaître aucune règle, aucune sanction, aucune autorité capable de diriger la conscience et de la fixer dans un sens bienfaisant [2]?

Voilà cependant à quel absurde sophisme aboutit le principe de la neutralité dans l'État.

---

[1] Auguste Nicolas, *l'État sans Dieu*, Paris, Vaton, 1873, p. 84.

[2] L'encyclique *Libertas* développe admirablement cette vérité : « La liberté résidant dans la volonté, qui, par nature, est un appétit obéissant à la raison, doit avoir elle-même pour objet un bien conforme à la droite raison; dès qu'elle s'en écarte, ce n'est plus la liberté, mais une déformation, un abus. »

En proclamant son indifférence religieuse, l'État non seulement n'assure nullement le respect des droits sacrés de Dieu et de la conscience, mais s'interdit la faculté de les protéger, et les livre sciemment et sans défense à leurs pires ennemis.

Au nom de cette liberté trompeuse il sera permis au premier venu de tout nier, de tout détruire, religion, vérité, morale, ces éléments essentiels de toute société humaine. Lié par son principe, l'État laissera systématiquement tout dire et tout faire ; et, si l'Église réclame sa protection contre les innombrables attentats dont sont l'objet ses dogmes et sa discipline, c'est elle que l'on accusera de troubler la neutralité et de violer la liberté de conscience...

Étrange aberration ! Comment se fait-il que des catholiques puissent s'y laisser prendre encore à l'heure qu'il est? C'est une erreur absolue de croire que l'État puisse être neutre ; forcément il devient *athée*.

Pas de religion, *irréligion :* cela est fatal. Irréligion dans l'État, et bientôt irréligion hors de l'État. L'irréligion, c'est-à-dire le matérialisme avec ses conséquences pratiques, érigée en système, couverte de toutes

les faveurs gouvernementales, encouragée
chez le fonctionnaire qui, craignant de déplaire et de passer pour un *clérical,* se
débarrassera bientôt de convictions gênantes
et s'empressera de se plier au moule officiel.

Irréligion hors de l'État, dans ce milieu
social où tant de mauvais instincts ne con-
naissent plus de frein que celui du code
pénal. Alors, de ce domaine de la conscience
où chacun peut être impie ou débauché sans
que personne ait rien à y voir, le mal s'é-
chappera et fera ses ravages au grand jour,
non plus au nom de la tolérance, mais au
nom du droit public. Ce sera grand bonheur
alors que le bien soit toléré à son tour.

On pourra nous opposer l'exemple de tel
ou tel gouvernement chez lequel la neutralité
n'a pas encore produit ces lamentables fruits.
Mais ces heureuses inconséquences ne prouvent rien contre le principe dissolvant que
la neutralité porte en elle; et l'on n'a jamais
entendu faire l'éloge d'une loi mauvaise en
disant que l'on peut compter sur les mœurs
pour la corriger.

II. — Du régime de l'Église aux États-Unis
d'Amérique.

L'exemple des États-Unis est souvent invoqué et cité par les catholiques partisans de la séparation de l'Église et de l'État.

A les en croire, le régime de l'Église, en Amérique, est ce que l'on peut concevoir de plus rationnel et de plus pratique. Ceux qui n'osent pousser jusqu'à cette affirmation soutiennent du moins que, dans les circonstances actuelles, ce régime, appliqué à l'Église et aux catholiques français, constituerait un grand et enviable progrès vers lequel nous ferions bien de tendre, au lieu de nous obstiner à lutter péniblement pour conserver un système d'union qui semble condamné par les faits.

Ce n'est pas en Amérique, dit-on, que se manifesteraient les inconvénients et les dangers de la neutralité dont il vient d'être parlé. Pas d'alliance compromettante de l'Église avec l'État; pas de persécution non plus. Le catholicisme y jouit d'une liberté florissante et honorée, grâce à l'indifférence bienveillante de l'État. Aussi, voyez comme il se développe rapidement.

Cette prospérité de l'Église américaine, rapprochée de l'état d'asservissement et de persécution où se débat l'Église de France, devrait nous ouvrir les yeux. Nos gouvernements révolutionnaires se font contre nous une arme de la séparation : pourquoi ne pas la leur enlever en nous l'appropriant? Il y aurait tout à gagner à une franche séparation qui rendrait la liberté à l'Église. Il ne s'agit pas de savoir quel est le régime idéal, mais de faire pour le mieux.

C'est à cette opinion spécieuse que nous voudrions répondre brièvement. Elle trahit une véritable confusion d'idées, qui repose elle-même sur l'ignorance des faits. Ce sont les faits que nous voudrions essayer de rétablir dans leur vrai jour.

Pour assimiler l'organisation sociale ou politique de deux pays, il faudrait au moins être sûr que rien dans les conditions essentielles, j'entends les origines, le caractère, les mœurs, le tempérament national de chacun d'eux, ne s'oppose à cette assimilation. C'est le propre de la méthode révolutionnaire

de procéder à priori, d'après une idée pré-
conçue de nivellement, et sans tenir compte
des différences qui naissent de la nature des
choses.

Or, entre la France et l'Amérique, existent
précisément de très profondes différences au
triple point de vue *religieux, juridique* et
historique.

En Amérique, l'État non seulement n'est
pas *athée,* mais il est bien loin d'être *neutre,*
au sens du radicalisme français.

Voici ce que dit un observateur éminent :

« Parce qu'il n'y a pas aux États-Unis de
religion établie, comme l'Église anglicane
l'est en Angleterre, et que les ministres du
culte ne reçoivent pas un salaire de l'État,
comme en France, on croit généralement
que la religion y est uniquement une affaire
privée et que, dans la confection des lois et
l'administration, les pouvoirs publics agissent
comme s'il n'existait point de religion vraie,
ayant la mission de diriger toutes les actions
des hommes

« Rien n'est plus faux que ce point de vue.
La triste maxime que *la loi est athée et doit
l'être,* qui, depuis 1789, a presque constam-
ment inspiré notre législation, n'aurait pu

être articulée en Amérique sans soulever une réprobation unanime.

« *Le christianisme est véritablement la religion nationale.* Loin d'être confiné par la loi ou les préjugés dans le domaine de la conscience privée et du foyer domestique, il est resté, au moins jusqu'à nos jours, la première des institutions publiques [1]. »

Cette volonté d'affirmer et d'assurer le règne du christianisme dans les mœurs se traduit par les dispositions de loi les plus formelles contre les manquements à la loi divine.

La législation de tous les États punit sévèrement le *blasphème,* la violation ostensible du repos du dimanche [2].

---

[1] Claudio Jannet, *les États-Unis contemporains,* 3e édit., Paris, Plon, 1877, t. II, p. 1.

[2] Il est bon de savoir par quels motifs dénués de toute sensiblerie libérale la loi assure le repos dominical. En 1872, le Congrès édictait une loi pour interdire le travail du dimanche, l'ouverture des magasins, les transports de marchandises, les bals, théâtres, etc., sous peine d'une amende de dix à vingt schellings.

« 1o La sanctification du dimanche est une chose d'intérêt public; ... 4o un motif particulier *d'honorer dans sa maison et à l'église Dieu, le créateur et la providence de l'univers.* — Considérant qu'il y a des incrédules et des gens inconsidérés qui... outragent la sainteté de ce jour en s'abandonnant à toutes sortes de plaisirs et en s'adonnant à leurs travaux; ... qu'une

En protégeant contre le mauvais exemple la religion des croyants, les Américains ne croient pas, comme nos libéraux français, violer la liberté de conscience, pas plus qu'ils ne croient, eux, les démocrates, blesser l'égalité en dispensant, dans tous les États, les ecclésiastiques, catholiques ou autres, du service militaire.

Bien plus, le gouvernement officiel proclame en toute occasion le domaine de Dieu sur la société. La constitution de presque tous les États s'ouvre par une affirmation de foi chrétienne. Dans les occasions solennelles, c'est au nom de l'État que le président demande à l'Église des prières publiques[1].

telle conduite est *contraire à leurs intérêts comme chrétiens et trouble l'esprit de ceux qui ne suivent point ce mauvais exemple..* » Cité par Auguste Nicolas, *l'État sans Dieu*, p. 76.

[1] L'année dernière, le président Cleveland adressait au peuple américain la proclamation suivante : « Le peuple des États-Unis a depuis longtemps l'habitude d'avoir un jour spécial, fixé chaque année par son chef du pouvoir exécutif, pour reconnaître la bonté et la miséricorde de Dieu et le prier de lui continuer sa bienveillance et sa protection. Afin d'observer cet usage, moi, Grover Cleveland, président des États-Unis, fixe, par les présentes, le jeudi 25 novembre pour être consacré aux actions de grâce et à la prière. — Que, ce jour-là, notre peuple suspende ses occupations habituelles et qu'il s'assemble dans ses rendez-vous ordinaires du culte, afin de remercier

Les fêtes nationales, les expositions indus-
trielles, les sessions du Congrès, sont toujours inaugurées solennellement par des manifestations religieuses, alors que, dans nos
pays catholiques, Dieu a toujours été tenu
en dehors de nos travaux, au nom d'une indifférence plus ou moins déguisée.

En Amérique, cette indifférence paraîtrait
une monstruosité. Il y a quelques mois à
peine, le président Cleveland reconnaissait
loyalement, dans une lettre au *Catholic Club*
de Philadelphie, « qu'un bon et exemplaire
catholique doit être, *ex necessitate rei*, un
bon et exemplaire citoyen[1]. »

Quand on réclame pour l'Église française
le régime américain, il faudrait donc, avant
tout, transporter dans notre gouvernement,
dans les mœurs publiques, cet admirable
esprit chrétien, aussi éloigné de l'intolérance

le Souverain de l'univers de ce que nous continuons à jouir
des avantages d'un gouvernement libre, du retour de la prospérité dans les affaires sur toute l'étendue du pays. — Et tandis
que nous contemplons la puissance infinie de Dieu dans les
tremblements de terre, les inondations et les orages, que les
cœurs reconnaissants de ceux qui ont été protégés du mal
par sa miséricorde se tournent avec sympathie et bienveillance
vers ceux qui ont été éprouvés par ses punitions... »

[1] Cité par le *Correspondant*, numéro du 25 mars 1887.

que de l'indifférence, et sans lequel ce régime serait impossible.

Or le principe de neutralité ou plutôt d'athéisme sur lequel se règlent nos gouvernants français en est l'antipode, la négation absolue. A quoi servirait la séparation si, au lieu d'un pouvoir civil respectueux de Dieu et de la conscience, on reste en présence de sectaires haineux et violents? Renonceront-ils donc à leurs desseins avoués contre la Religion? Croit-on qu'après nous avoir vus leur abandonner sottement nos positions, ils respecteront ce terrain du droit commun où nous nous serons réfugiés? Quelle illusion que de le croire!

« Si nous désirons le régime américain, nous disait un jour un partisan de la séparation, c'est que nous espérons bien que le gouvernement deviendra meilleur et que l'essai en pourra être fait loyalement.

— Mais, répondîmes-nous à ce naïf interlocuteur, le jour où vous aurez au pouvoir des chrétiens selon votre cœur, qui vous empêche alors de jouir en paix de cette union qui est le désir et l'idéal de l'Église, au lieu de vous lancer dès aujourd'hui dans une aventure qui ne peut servir qu'à vos adversaires? »

Laissons à l'Amérique un système qui, dans les conditions spéciales de ce pays, a sa raison d'être, mais qui chez nous irait infailliblement à précipiter la ruine de la religion dans la société.

Les contrastes *juridiques* des deux pays ne s'opposent pas moins à cette assimilation.

Aux États-Unis, la loi civile assure à l'Église, avec la sécurité de son existence, les moyens de vivre et de se développer librement.

Les paroisses et les congrégations religieuses jouissent d'une très large personnalité civile. La liberté d'association permet aux groupes catholiques de réclamer l'*incorporation*, grâce à laquelle, surtout depuis un acte du 25 mars 1863, les évêques et curés peuvent recevoir, transmettre, administrer le patrimoine ecclésiastique avec le concours désintéressé des *trustees* ou conseillers laïques.

Beaucoup de fondations religieuses, églises, hospices, collèges, possèdent, s'accroissent sans l'intervention de l'État et au grand bien de la société.

« Il y a même des États, dit M. Claudio Jannet, où il suffit qu'une association chrétienne ait un règlement organique pour être de plein droit considérée comme une corporation jouissant de l'existence civile.

« Toute taxe sur les églises ou les propriétés ecclésiastiques est regardée comme inconstitutionnelle.

« La loi sanctionne parfaitement, à l'occasion, la discipline intérieure des églises[1]. »

Voilà, sans contredit, de la liberté !

Passons maintenant à la France.

En France, l'*Église*, en tant que société extérieure, *ne jouit d'aucun droit propre*[2].

Tout au plus l'État accorde-t-il à certains corps ou institutions ecclésiastiques (fabriques, diocèses, etc.) une personnalité très restreinte. Pour l'acquisition, la propriété, l'administration de ses biens, l'Église est sous la *tutelle* du pouvoir civil, tutelle étroite, jalouse ; et toutes les dispositions de nos codes témoignent de la défiance la plus en-

---

[1] Claudio Jannet, *les États-Unis contemporains*, t. II, p. 14.

[2] C'est la mise en pratique de la proposition XIXᵉ condamnée par le *Syllabus* : « L'Église n'est pas une société vraie et parfaite, pleinement libre ; elle ne jouit pas de droits propres et constants, à elle conférés par son divin fondateur, mais il appartient au pouvoir civil de définir quels sont les droits de l'Église et les limites dans lesquelles elle peut les exercer. »

tière à son endroit[1]. C'est la *sécularisation* poussée jusqu'aux limites au delà desquelles il n'y a plus que la confiscation.

Vous réclamez le régime américain, dirons-nous aux partisans de la séparation; commencez donc par introduire dans nos lois civiles cette liberté qui le fait vivre.

Mais quel est le gouvernement français, procédant, comme ils le font tous depuis un siècle, du droit de la révolution, qui croirait la France mûre pour une semblable expérience? Et je ne parle que des gouvernements honnêtes, car il est bien évident que, pour les radicaux actuels, l'idée seule d'une pareille liberté laissée à l'Église les ferait bondir.

C'est encore une chimère de croire que, pour favoriser une séparation à laquelle ils ne tiennent que par intérêt antireligieux, ils renonceront à ce qu'ils regardent comme les bases du droit public.

Que gagnons-nous à la séparation? Rien. Si les gouvernements restent les mêmes, pourquoi courir au-devant d'une situation pire? Si leurs dispositions se modifient et

---

[1] Pour plus de détails sur la situation juridique de l'Église en France, voir plus loin, chapitre iv.

deviennent équitables, pourquoi ne pas en profiter pour nous rapprocher autant que possible de notre idéal?

La différence des conditions *historiques* des deux nations nous fournit un nouvel argument.

Les bandes d'émigrants anglais qui, sous la conduite de lord Baltimore, jetèrent, au XVIIe siècle, les fondements de l'État américain, se composaient d'individus de toute provenance, de toute opinion, de toute secte. La neutralité du pouvoir nouveau était donc une nécessité de fait. Sans se déclarer athée, — bien loin de là, — il dut se désintéresser et tenir entre toutes les confessions chrétiennes une balance égale. L'Église catholique, ne représentant qu'une infime minorité, ne pouvait, ne devait ambitionner que la neutralité qu'on lui offrait.

En France, la situation est toute différente. Nous avons derrière nous quinze siècles de catholicisme; nos mœurs, nos traditions sont catholiques dans la moelle; comme l'a dit le protestant Gibbon, « les évêques ont formé la France comme les abeilles forment une ruche. » De tout temps « l'État y a vécu avec le clergé dans des rapports qui n'ont pas toujours été sans difficultés, mais qui ont résisté jusqu'ici aux vicissitudes de nos agitations périodiques. » Comment traiter un tel pays comme un pays né d'hier? Croit-on « qu'il soit possible de proclamer la dissolution de ces liens sans amener des luttes constantes entre les anciens conjoints, qui continueraient à se rencontrer à toute heure sur les routes de la vie commune? Non, il y a là quelque chose d'impossible. *Neutralité et liberté sont ici des noms mensongers*[1]. »

D'ailleurs la question de la séparation, en France, présente un point de vue particulier, à la vérité d'ordre secondaire, mais dont il est impossible de ne pas tenir compte : c'est la question du budget des cultes. En Amérique, permis de négliger ce côté matériel et de se contenter de la liberté. En France, il en va autrement. Nous sommes, ainsi que nous le verrons plus loin, en présence d'une dette formelle de l'État, dont il y aurait souveraine injustice à faire retomber la charge sur les catholiques. Or ne sait-on pas que la suppression de ce budget serait, dans la pensée du radicalisme, la première étape et la première forme de la séparation?

---

[1] Marquis de Gabriac, *l'Église et l'État. Le Correspondant*, numéro du 10 décembre 1855, p. 709.

Quand on parle des progrès très réels et très consolants du catholicisme aux États-Unis[1], il faut se garder d'en faire exclusivement honneur au régime de séparation de l'Église et de l'État. Ce serait faire preuve de courte vue.

Plusieurs causes étrangères ont, bien plus que le régime en lui-même, servi le développement de la vraie doctrine. Nous ne faisons que les indiquer.

En premier lieu, *l'émigration européenne*, provenant en grande partie de contrées catholiques, comme l'Irlande et les provinces rhénanes. « A proprement parler, ceci est plutôt un déplacement des forces catholiques qu'une conquête de l'Église[2]. »

En second lieu, le *morcellement du protestantisme*. La liberté de discussion étant absolue et la protection du pouvoir ne couvrant pas, comme en Angleterre, une confession particulière, les sectes protestantes parcourent plus vite leur évolution, s'émiet-

---

[1] A l'époque du Concordat de 1801, il n'y avait aux États-Unis que 600 000 catholiques. Ils en comptent aujourd'hui 16 millions.

[2] R. P. At, *le Vrai et le Faux en matière d'autorité et de liberté*, t. II, p. 420.

tent et finissent par tomber dans la négation. Ce qu'elles perdent profite au catholicisme, qui seul a le caractère et les promesses de l'immutabilité.

Ajoutez que l'Amérique n'a pas de grande capitale. Cette circonstance s'oppose à ce qu'il y ait une presse directrice et prépondérante. On y fait des affaires et des personnalités ; mais on n'y dogmatise pas comme chez nous sur la politique et la religion. La propagande écrite en faveur de l'incrédulité n'y présente donc pas le même danger.

La conclusion de tout ce qui précède est que les Français se réclameraient à tort de l'exemple des États-Unis pour introduire en France une séparation à l'américaine. L'exemple est mal choisi. Si l'Église du nouveau monde s'arrange de ce régime, « qu'on ferait mieux, suivant un mot très juste, d'appeler une *protection incomplète*[1], » il faut surtout en féliciter la fidélité de la nation américaine à conserver, malgré les funestes exemples de l'Europe, les préceptes de la loi divine. Voilà le secret de la prospérité de ce peuple. Si nous retenions de lui

---

[1] *Rapport* de M. Théry au congrès des jurisconsultes catholiques de 1881, l'*Église et l'État*, Grenoble, 1881, p. 149.

cette leçon, la seule qu'il convienne de lui emprunter, à quel degré de supériorité ne nous élèverions-nous pas, nous qui sommes plus près de la vérité !

D'ailleurs il est bon de ne pas laisser ignorer qu'il y a des ombres au tableau et que, d'après de fâcheux symptômes, il est à craindre que le système ne garantisse pas toujours la religion contre les envahissements du scepticisme.

« Tout en reconnaissant que l'Église jouit, aux États-Unis, de la liberté religieuse, dit l'écrivain déjà cité, il ne faut pas se dissimuler que, depuis quelques années, il s'est produit contre le catholicisme un mouvement d'animosité et d'hostilité croissant, d'où il résulterait que ce régime si vanté ne serait pas l'idéal[1]. »

C'est ainsi que les ministres du culte se sont vu, dans plusieurs États, défendre l'accès des prisons et asiles ; des hôpitaux catholiques ont été privés des subventions allouées jusque-là par les villes.

« Quand on descend dans le détail des luttes quotidiennes qu'ont à soutenir les ca-

[1] Claudio Jannet, *les États-Unis contemporains*, t. II, p. 229.

tholiques devant les législatures, les *boards of charities*, les *boards of schools* des différents États, on voit qu'ils ne rencontrent plus le large esprit de tolérance dont étaient animés les hommes de la génération précédente, placés à la tête de l'opinion[1]. »

S'il en est ainsi en Amérique, sur la terre classique de la liberté, où la neutralité n'exclut pas la religion, que sera-ce en France, où les dernières barrières qui séparaient l'indifférence de l'athéisme officiel sont depuis longtemps tombées !

Nous l'avons déjà dit, l'État *neutre* est une chimère ; il doit devenir *athée*.

De là à devenir *persécuteur*, il n'y a qu'un pas.

Que ce pas doive être franchi, que tel soit l'idéal de nos révolutionnaires français, c'est ce qu'il va nous être facile de prouver.

[1] Claudio Jannet, *ibid.*, p. 232.

CHAPITRE III

1. — L'Église et l'État dans l'ancienne France.

A la veille de la révolution française, les rapports de l'Église et de l'État étaient réglés par le Concordat conclu à Bologne, le 18 août 1516, entre le pape Léon X et le roi François Ier.

Cette célèbre convention mettait fin aux longs dissentiments qui avaient existé entre les deux puissances depuis la *Pragmatique sanction* de Bourges (1438). Elle avait pour objet principal de régler la nomination aux sièges épiscopaux et le jugement des procès canoniques.

Le système électif, qui jusqu'alors avait pourvu aux prélatures, abbayes, prieurés, etc., avait produit des abus. Le saint-siège, inaugurant une nouvelle discipline étendue depuis à presque tous les États catholiques, transféra au prince séculier le choix des grands dignitaires ecclésiastiques.

L'innovation était grave, on l'entoura de toutes les garanties possibles. Le candidat devait satisfaire à des conditions déterminées de science, d'âge et d'aptitude. La nomination devait être faite dans les *six mois* de la vacance du siège ; passé ce délai, elle retournait au pape. De plus, celui-ci se réservait l'*institution canonique* de l'élu.

En dehors de ces points spéciaux, la situation de l'Église vis-à-vis du pouvoir civil était l'union intime. Le clergé était un ordre de l'État, le premier de tous. Il avait son gouvernement, ses lois, ses tribunaux, aux décisions desquels le bras séculier prêtait son appui. Sans doute l'union ne fut pas toujours exempte de trouble. Beaucoup de causes, les exagérations du pouvoir absolu, les ravages faits dans l'Église de France par les hérésies janséniste et gallicane, l'énervement des caractères, les progrès du scepticisme, avaient fini par altérer la pureté des rapports nécessaires et créé pour l'Église une regrettable dépendance.

Cependant l'union persistait, basée sur un respect mutuel et le sentiment de bienfaits indiscutables.

L'Église était propriétaire de grands biens. Elle en faisait un noble usage. Alors l'État n'intervenant pas comme aujourd'hui pour régler et entraver le cours de la charité privée, celle-ci s'était donné libre carrière, et la France s'était couverte de milliers d'hôpitaux, de temples, de collèges, à l'entretien desquels était affectée la partie la plus considérable des biens ecclésiastiques. L'instruction était distribuée presque gratuitement et sans qu'il en coûtât un sou au Trésor public, par les soins de nombreuses corporations régulières. Cette raison seule eût dû protéger le patrimoine ecclésiastique contre les confiscations révolutionnaires. A proprement parler, il n'appartenait à l'Église que comme un dépôt, un fidéicommis, dont personne n'avait le droit de modifier l'usage vénérable et sacré.

C'est ce que montre bien M. Taine « : Si, dans l'institution primitive, plusieurs clauses accessoires et particulières deviennent forcément caduques, il est une intention générale et principale qui manifestement reste impérative et permanente, celle de *pourvoir un ser-*

2*

vice distinct : charité, culte, instruction... Les quatre milliards de fonds, les deux cents millions de revenus ecclésiastiques en sont la *dotation expresse et spéciale* [1]. »

Prenons pour constante l'évaluation que M. Taine adopte, d'après Cambon [2], et qui paraît plus que toute autre près de la vérité.

Outre les innombrables œuvres de bien qu'ils faisaient vivre, ces biens contribuaient aux charges publiques de l'État dans une proportion très considérable. C'est une erreur trop répandue que de s'imaginer les biens du clergé, avant 1789, comme exempts de l'impôt.

En principe, les ecclésiastiques étaient réputés dispensés des impositions directes, taille, capitation, etc. En fait, il n'en était rien.

L'État percevait sur eux les *décimes* ou impôt foncier, les *décimes extraordinaires,* dont il affectait le produit au payement des offices ecclésiastiques et des rentes.

Un auteur très défavorable au clergé et que, pour ce motif, nous consultons de préférence, écrit ceci :

[1] Taine, *la Révolution*, t. I, p. 217.
[2] *Rapport* du 1er février 1793.

« Le revenu des biens du clergé étant, au minimum, évalué à trois cents millions, la part contributive du clergé (dans les impôts directs) devait être de près de trente millions[1]. »

En dehors de ces impositions régulières, le clergé en acquittait d'autres sous le nom et la forme de *dons gratuits,* qui s'élevaient, dit le même auteur « à trois millions, *quelquefois à cinq millions.* »

Jamais, en effet, le clergé n'avait refusé de participer aux dépenses de l'État, mais il avait toujours défendu le principe de son immunité canonique et entendu conserver à ses contributions, d'ailleurs très généreuses, leur caractère de spontanéité. Les papes avaient souvent permis aux rois de France de lever, pour des causes graves, des impositions sur les églises.

A partir du xviᵉ siècle, les choses se régularisèrent. En 1560, à la suite des états d'Orléans, le clergé signa le *contrat de Poissy,* par lequel il s'engageait, pour six ans, à payer un don annuel de seize cent mille livres.

---

[1] A. Gasquet, professeur à la Faculté des lettres de Clermont-Ferrand, *Précis des institutions politiques de l'ancienne France,* t. II, p. 91.

En 1567, le contrat fut renouvelé et il en fut ainsi dorénavant [1].

Le dizième de son revenu payé directement au fisc, la moitié au moins consacrée à l'accomplissement de sa mission sociale, cinq ou six millions de dons gratuits : voilà qui répond suffisamment aux sottes calomnies sur les privilèges exorbitants du clergé de l'ancien régime.

Nous n'avons pas à faire l'histoire de l'œuvre de destruction religieuse opérée par la révolution française. Disons seulement que l'un des premiers actes de l'Assemblée constituante fut d'édicter cette *Constitution civile du clergé* qui devait plonger l'Église de France dans les larmes et le sang : tous les droits de l'Église sacrifiés, moyennant une compensation pécuniaire dérisoire, les charges ecclésiastiques livrées à l'élection des clubs.

Condamnée par le saint-siège comme schismatique, cette constitution partage le clergé en deux camps. Pendant vingt ans, la majorité, restée fidèle, brave les persécutions, la terreur et les échafauds, tandis que les malheureux assermentés essayent vainement d'im-

---

[1] A. Gasquet, *ibid.*, p. 87.

poser aux populations leur ministère méprisé.

Avec son profond discernement politique, le premier consul Bonaparte comprit que la pacification religieuse était la première condition de la restauration sociale qu'il poursuivait, et que la France n'était nullement préparée pour le schisme, comme les Jacobins l'avaient espéré.

Malgré les criailleries de son entourage, il entama avec le pape les laborieuses négociations qui devaient aboutir au Concordat du 15 juillet 1801.

II. — Le Concordat de 1801.

Quelle est l'économie du Concordat? Comment fut-il interprété par ses auteurs?

Sans entrer dans l'analyse de cette grande œuvre, il nous suffira d'indiquer les quatre dispositions principales dans lesquelles on peut la résumer.

1º *Reconnaissance officielle de la religion catholique* comme religion de la majorité des Français.

2º *Liberté et publicité assurées au culte.*

3º *Nomination des évêques* accordée au

gouvernement français, sauf la nécessité de l'institution canonique par le saint-siège.

4° Obligation prise par l'État de pourvoir au *traitement des ministres du culte.*

Sur plusieurs points, le Concordat n'était que la remise en vigueur de celui de Bologne; sur d'autres il innovait.

Comme jadis le roi de France, le chef du nouveau gouvernement doit, dans les trois mois[1] de la vacance d'un siège épiscopal, *nommer* c'est-à-dire *présenter* un candidat à la libre approbation du saint siège[2]; faute de quoi, le pape y pourvoit de lui-même. L'institution canonique rend la nomination définitive; elle seule confère juridiction.

Ajoutons que ce privilège accordé au chef du gouvernement suppose comme condition que celui-ci professe la religion catholique. L'article 17 et dernier du Concordat a soin de stipuler que, dans le cas contraire, une nouvelle convention réglerait le mode de nomination aux évêchés.

---

[1] Le Concordat de Bologne disait : « Dans les six mois. »

[2] Une savante dissertation publiée dans les *Études religieuses, historiques,* etc., des RR. PP. Jésuites (1873, 5° série, t. IV, p. 161), détermine bien le caractère du droit de *nomination* concédé au gouvernement. *Jus nominandi sive præsentandi,* dit Van Espen.

D'après l'article 10, les évêques nomment aux cures, sauf l'agrément du gouvernement. C'était l'abrogation de l'ancien droit de *patronage,* dont jouissaient certaines personnes ou certains établissements, et que n'aurait jamais admis le gouvernement consulaire.

De nouvelles circonscriptions devaient être faites par le saint-siège et l'État français pour les diocèses (art. 2), et par les évêques pour les cures (art. 9) [1].

Nous reviendrons plus loin sur la question des traitements ecclésiastiques.

Quant aux *biens* temporels, le Concordat se montrait parcimonieux et défiant à l'excès. Le gouvernement se bornait à y inscrire en principe la faculté pour les catholiques de faire des *fondations* (art. 15), et s'engageait à mettre à la disposition des évêques les églises *non aliénées* qui seraient nécessaires au culte (art. 12).

Faible compensation de l'immense condescendance du saint-siège, qui consentait, pour

---

[1] En 1789, la France comptait cent trente-cinq sièges épiscopaux. Ce nombre fut réduit à soixante en vertu du Concordat. Depuis lors, les annexions, différents accords entre les deux pouvoirs ont porté le nombre des sièges à quatre-vingt-huit, en y comprenant les trois évêchés d'Algérie.

le bien de la paix, à ratifier l'aliénation des biens ecclésiastiques confisqués pendant la révolution (art. 13).

Entre parenthèses, ce terme « aliénées » excluait évidemment de la concession les biens qui n'avaient pas trouvé d'acquéreurs et qui dès lors auraient dû faire retour à l'Église. Inutile de dire que l'État n'en tint aucun compte.

Revenons un instant sur l'article premier du concordat, le plus important de tous, car le principe qu'il pose est évidemment l'enjeu des luttes où se débat l'Église : lui disparu, le Concordat n'a plus de raison d'être.

« La religion catholique, apostolique et romaine sera librement exercée en France : son culte sera public, en se conformant aux règlements de police que le gouvernement jugera nécessaires pour la tranquillité publique. »

A prendre l'article dans sa lettre et dans son esprit, il garantit à l'Église la liberté de son culte, de son enseignement, de son organisation hiérarchique, de sa discipline.

L'Église est une société parfaite existant avant l'État, sa constitution échappe à tout contrôle. L'État la prend telle qu'elle est, avec cette constitution sur laquelle il ne peut rien, et se borne à lui garantir sa liberté.

C'est la seule interprétation à donner à ce texte ; tout esprit de bonne foi en conviendra.

Il y a bien une réserve concernant l'exercice *public* du culte. L'Église s'y est difficilement résignée ; on peut lire dans les *Mémoires* du cardinal Consalvi les combats douloureux que ce grand négociateur eut à soutenir au sujet de cet article contre les ruses, les menaces et la perfidie de Bonaparte [1].

Quoi qu'il en soit, cette réserve est suffisamment spécialisée par les termes « règlements jugés nécessaires pour la tranquillité publique.»

« Il suit de cette formule, lisons-nous dans l'excellent travail du R. P. Desjardins [2], que le Concordat ne reconnaît pas au magistrat séculier un droit indéfini d'approuver ou d'interdire au gré de ses caprices les cérémonies publiques ou de les régler de sa propre autorité. Il peut seulement deux choses : opposer son *veto* si en réalité une manifestation exté-

[1] Consalvi, *Mémoires*, 2 vol., Paris, Plon, 1866, t. I, p. 377. — On sait que Bonaparte, désespérant de vaincre la résistance de Consalvi, alla jusqu'à vouloir substituer un texte à un autre au moment de la signature. Ce fait est contesté, mais d'une façon très peu concluante, par l'officieux Theiner, dans *les Deux Concordats.*

[2]. R. P. Desjardins, S. J., *le Concordat*, Paris, Oudin, 1885, p. 74.

rieure devait amener des *désordres dangereux pour la tranquillité publique,* ou par sa nature, ou accidentellement par suite de la surexcitation des partis, et prendre certaines mesures pour que, dans l'accomplissement de ces cérémonies extérieures, *rien ne vienne porter le trouble dans les populations.* »

Telle est l'idée maîtresse du Concordat. L'Église est acceptée et reconnue par l'État, avec son organisation intérieure et extérieure. Elle ne dépend donc pas de l'État. Ses prêtres ne sont donc pas des *fonctionnaires,* selon la formule menteuse et intéressée que l'on voudrait mettre à la mode. Le traitement stipulé par le Concordat ne change rien à cette situation, ce traitement n'étant qu'une restitution. Le fonctionnaire est un salarié; le prêtre est un créancier.

Il s'en faut que le Concordat ait été dès l'origine interprété avec cette largeur de vues. Tandis que l'Église entrait franchement dans la nouvelle voie qu'elle s'était ouverte, Napoléon s'apprêtait à regagner par des moyens détournés le terrain qu'il estimait perdu pour son autorité despotique.

Huit mois seulement après la signature, le

gouvernement français se décidait à publier le Concordat, mais en l'accompagnant de soixante-dix-sept *articles organiques,* qu'on présentait ainsi faussement comme couverts par la sanction du pouvoir religieux, et par lesquels il tranchait, sans mandat, sans compétence et le plus souvent dans un sens incompatible avec le Concordat lui-même, les questions les plus délicates de la discipline ecclésiastique.

Le saint-siège eut beau protester contre cette coupable supercherie et réclamer au nom de la foi due aux traités et de la loi religieuse le droit de veiller, de concert avec l'autre partie, à l'exécution du Concordat, on fit la sourde oreille. Il est bon de rappeler, ce qui a été dit maintes fois, que ces articles, ajoutés après coup, sans aucune participation et contre l'aveu formel de l'Église, n'ont et ne peuvent avoir pour elle aucune valeur synallagmatique.

Ces *articles organiques,* dans le détail desquels nous ne pouvons entrer, constituent un ensemble de dispositions restrictives, soupçonneuses, tracassières, dont l'application, si elle était pratiquement possible, tiendrait l'Église de France dans un véritable asservissement.

Citons comme exemple celles qui enlèvent au saint-siège la faculté de communiquer librement avec les fidèles, même pour les matières du for intérieur « ne concernant que les particuliers, » sans l'autorisation du gouvernement (art. 1er); celles qui interdisent l'accès de la France, à moins d'autorisation, à tout « individu se disant nonce, légat, vicaire ou commissaire apostolique ou se prévalant de toute autre dénomination (art. 2); » celles qui soumettent à des conditions arbitraires de fortune, d'âge, etc., les candidatures épiscopales et les ordinations (art. 13); celles qui prétendent enlever au pape, pour la transférer aux métropolitains, la connaissance des causes portées contre les évêques (art. 15); celles qui soumettent au bon plaisir du pouvoir les assemblées synodales ou conciliaires exigées par le droit canon (art. 4); celles qui imposent à l'enseignement des séminaires la déclaration du clergé, aujourd'hui hérétique, de 1682 (art. 24); celles qui créent dans les paroisses cette division en cures et en succursales, absolument étrangère à la loi canonique (art. 60), etc. etc.[1].

[1] On peut consulter avec le plus grand fruit l'étude du R. P. Desjardins sur *les Articles organiques au point de vue*

« Il est telle de ces lois organiques qui respire l'hérésie, » disait l'abbé Emery au cardinal Fesch.

« Presque tous les articles organiques me paraissent à abroger, écrit M. Emile Ollivier ; *après presque tous on peut écrire : usurpation, ou abus de pouvoir*[1]. »

Le service que Napoléon Ier rendit à la France en y rétablissant le culte catholique ne peut faire oublier ses torts envers l'Église. Pour lui, l'Église était avant tout un instrument de domination; et la régenter comme une des branches de l'administration, de la haute police, lui paraissait la chose la plus naturelle du monde. Il ne pouvait admettre que l'Église eût des droits qui n'émanâssent pas de lui. Sa correspondance contient à cet égard de cyniques aveux; et l'on ne peut douter qu'à un certain moment, furieux de ne pas trouver dans le pape Pie VII le complaisant qu'il attendait, il ne préméditât et ne préparât un schisme. Heureusement Dieu ne lui en laissa pas le temps[2].

du droit des gens, du droit canonique et du droit civil, 4e édit., Grenoble, Baratier, 1882.

[1] Émile Ollivier, *l'Église et l'État au concile du Vatican,* t. I, p. 121.

[2] Une note écrite de Compiègne à son ministre des cultes

III. — Les adversaires du Concordat.

Napoléon Ier avait été le premier ennemi de son œuvre ; elle devait en rencontrer bien d'autres.

Les vieux jacobins du Consulat n'avaient vu qu'avec peine le rétablissement du culte catholique. Après la chute de l'empereur, les antipathies longtemps comprimées se réveillèrent; et, bien qu'il ne fût pas encore possible de s'en prendre ouvertement à la religion, les sectes nombreuses qui rallièrent, sous la Restauration, tout ce qui tenait, de près ou de loin, aux doctrines révolution-

est très significative. Il lui demande de « rédiger sur les affaires du clergé des dispositions générales, où il n'y aura pas seulement des principes arrêtés, mais où l'on comprendra même toutes les mesures de détail... *On établira les choses comme s'il n'y avait pas de pape,* et sans avoir égard ni aux circonstances du moment ni à des considérations quelconques... Lorsqu'on jugera qu'il convient d'exécuter quelques parties de ces dispositions, elles seront converties en décret, *et l'on arrivera successivement au développement du système complet.* » Correspondance de Napoléon Ier, 15 avril 1810. — L'intéressant ouvrage de M. de Luppé, *Un Pape prisonnier, Savone,* met bien au courant de ces projets de Napoléon.

naires, s'entendirent vite pour désigner le Concordat comme l'ennemi.

Tout éloigné qu'il fut de l'ancien état de choses, le régime concordataire ne représentait-il pas l'union de la religion et de l'État à laquelle la libre pensée avait juré guerre à mort?

L'histoire de la franc-maçonnerie est aujourd'hui trop connue pour que l'on puisse se faire illusion sur le plan rigoureux poursuivi par elle depuis quatre-vingts ans avec la plus persévérante habileté, et qui peut se résumer dans ces trois mots : *Destruction du catholicisme*.

« Notre but final est celui de Voltaire et de la révolution française, L'ANÉANTISSEMENT A TOUT JAMAIS DU CATHOLICISME ET MÊME DE L'IDÉE CHRÉTIENNE, qui, restée debout sur les ruines de Rome, en serait la perpétuation plus tard[1]. »

Ceci se disait en 1846. En 1854, un orateur des loges belges, cette avant-garde de la révolution contemporaine, s'écriait : « *La maçonnerie combat le christianisme à outrance. Il*

[1] Lettre confidentielle d'un des chefs de la haute vente romaine avant 1846. Citée par Crétineau-Joly, *l'Église romaine en face de la révolution*, t. II, p. 85.

faudra bien que le pays finisse par en faire justice, dût-il employer la force pour se guérir de cette lèpre [1] ! »

La déclaration adoptée, en décembre 1869, par *l'anticoncile* de Naples est encore plus explicite.

« Considérant que l'idée de Dieu est la source et le soutien de tout despotisme et de toute iniquité, que la religion catholique est la plus complète et la plus terrible personnification de cette idée,... *les libres penseurs assument l'obligation de travailler à* L'ABOLITION PROMPTE ET RADICALE DU CATHOLICISME, A SON ANÉANTISSEMENT, *par tous les moyens, y compris la force révolutionnaire* [2]. »

L'année suivante, la révolution du 4 septembre éclatait. L'avènement d'un góuvernement conservateur fit ajourner certains projets ; mais, neuf ans après, quand la France eut enfin la *vraie* République, on devait les reprendre et les pousser activement.

A mesure que l'on se rapproche de notre époque, les formules se précisent, les pro-

---

[1] Séance des loges belges, 24 juin 1854.

[2] A cet *anticoncile* assistaient sept cents délégués des loges maçonniques, notamment M. Andrieux, le futur préfet de police de la R. F. et l'exécuteur des *décrets* du 29 mars.

grammes politiques deviennent plus nets et s'expliquent sur les moyens d'exécution.

Le principal est l'abolition du Concordat ou la *séparation de l'Église et de l'État*.

Depuis le célèbre programme que Gambetta arborait en 1869, sur les hauteurs de Belleville, tous les manifestes du parti révolutionnaire contiennent cet article. Tous ont sonné la charge contre le Concordat, c'est-à-dire contre le catholicisme, car les chefs ne se sont pas fait faute d'éclairer l'opinion à ce sujet.

En 1878, Gambetta poussait, à Romans, le cri de guerre : *Le cléricalisme, voilà l'ennemi !*

Quelques mois après, la maçonnerie laissait échapper cet aveu :

« *La distinction entre le catholicisme et le cléricalisme est purement officielle, subtile, pour les besoins de la tribune;* mais ici, en loge, disons-le hautement et pour la vérité : le CATHOLICISME ET LE CLÉRICALISME NE FONT QU'UN ; et comme conclusion, ajoutons : *on ne peut être à la fois catholique et républicain,* C'EST IMPOSSIBLE[1] ! »

C'est donc une bataille sans merci, et, nous catholiques, nous devons être avertis.

[1] Paroles du F∴ Courdavaux, à l'*Étoile du Nord* de Lille, 1879.

Le dessein apparaît plus saisissant encore quand on embrasse dans leur ensemble les actes par lesquels, depuis neuf ans, les radicaux français ont réalisé une partie et préparé l'achèvement de leur programme, en déchaînant sur la patrie la persécution religieuse.

Instruits par l'expérience de la première révolution, ils se sont gardés d'imposer violemment à la France catholique une séparation immédiate de l'Église et de l'État, de peur que l'excès n'en vînt à déterminer un jour une réaction comme celle de 1801.

Leur politique, plus habile, consiste à former l'opinion à la rupture finale par une série de mesures préalables.

Le premier terrain à conquérir est celui de la famille. Tant que la famille sera chrétienne, rien à espérer. Il faut donc façonner une génération incrédule et, pour cela, soustraire la femme et l'enfant à toute influence religieuse.

« Ce que la maçonnerie veut conquérir avant tout, c'est la femme, parce qu'elle est *la dernière forteresse que l'esprit d'obscurantisme oppose au progrès humain...* [1] »

---

[1] Paroles du F∴ de Hérédia, membre du *Grand Orient*, au chapitre de la loge l'*Étoile polaire*, le 20 avril 1878.

Une loi due à l'initiative de M. Camille Sée[1] décide la création de *lycées de filles,* où l'enseignement sera « donné par des hommes et des femmes, » et où la doctrine religieuse sera exclue du programme obligatoire.

Pendant ce temps, M. Naquet entreprend cette tapageuse campagne qui, malgré l'indifférence ou l'hostilité de l'opinion et après plusieurs échecs, finit par imposer de haute lutte à la France la loi rétablissant le *divorce*[2].

Après la femme, l'enfant. On commence par lancer ce fameux projet de loi, dont l'article 7, voté par la Chambre[3], exclut de l'enseignement secondaire tout membre d'une congrégation religieuse non autorisée.

Arrêté par l'opposition du Sénat, le gouvernement tranche la question par un coup d'État et rend les *décrets* qui doivent, dans sa pensée, donner la mort à l'enseignement chrétien[4].

Prévoyant l'opposition des familles et voulant s'assurer le moyen de la vaincre, le parti radical se rend maître des conseils univer-

[1] 15 décembre 1879.
[2] 27 juillet 1884.
[3] 9 juillet 1879.
[4] 29 mars 1880.

sitaires en modifiant leur composition et en faisant disparaître de leur sein tout membre du clergé [1].

Désormais on peut pousser en avant. L'enseignement primaire est attaqué. « *Qui tient les écoles, tient tout,* » disait le F.·. Jean Macé au congrès de la Ligue de l'enseignement, en 1882.

L'enseignement est déclaré *obligatoire, gratuit* et *laïque* [2]. Le catéchisme est proscrit de l'école ; les crucifix sont jetés à la rue. Si les parents chrétiens veulent défendre l'âme de leurs enfants, c'est l'amende et la prison. S'ils veulent ouvrir des écoles libres, c'est l'opposition arbitraire des autorités académiques, la condamnation, la disgrâce, la ruine.

Les catholiques vont céder ? Non ! au prix d'immenses sacrifices, les écoles chrétiennes s'élèvent en face de l'école athée. Malgré les injonctions du pouvoir, beaucoup de communes refusent de retirer leur confiance aux humbles religieux qu'elles voient à l'œuvre depuis si longtemps.

Il faut que cela cesse ! Une loi nouvelle [3]

---

[1] Février 1880.

[2] 28 mars 1882.

[3] 30 octobre 1886. Le délai expire en 1891.

décide que, dans un délai de cinq ans, les écoles publiques devront être purgées de tout congréganiste. Que l'opinion murmure, que les budgets succombent sous la charge, qu'importe ?

Pendant ce temps, un travail d'active épuration s'attache à *laïciser* nos lois et institutions civiles, c'est-à-dire à en éliminer le moindre caractère religieux.

Différents projets de lois proposent de dépouiller les catholiques de leurs *cimetières*[1]; de faire nommer les membres des *conseils de fabrique* par les conseils municipaux[2].

La loi du 18 novembre 1814 sur le *travail du dimanche* est abrogée.

De même celle du 20 mai 1874, instituant les *aumôniers militaires*.

Les ministres du culte sont chassés des *commissions administratives* des hospices et bureaux de bienfaisance, où les plaçait la loi du 21 mai 1873.

Pas une année, pas un mois ne se passe sans qu'une brutale mesure ne jette à la porte de quelque hôpital les saintes filles qui ne

---

[1] 22 février 1879, proposition Rameau, Journault et Joly.
[2] 20 mai 1879, proposition Labuze.

demandaient qu'à y mourir au service des malades.

Le Congrès de 1884 se débarrasse de la loi constitutionnelle qui ordonnait des *prières publiques* au commencement des sessions législatives.

Bientôt la *loi municipale*[1] vient, par ses dispositions abusives sur les églises, les cloches, les inhumations, organiser dans chaque commune le conflit permanent entre le maire et le curé.

Une autre loi dépouille le *serment judiciaire* du caractère religieux, qui seul pouvait le rendre respectable et redoutable.

L'outrage à Dieu, que toutes les législations punissent, est rayé de la loi sur la presse[2].

Sous le titre menteur de *liberté des funérailles,* une loi est élaborée pour écarter le prêtre du lit des mourants, encourager les enterrements civils et la coutume de la crémation, blâmée par l'Église[3].

Ainsi l'on espère que l'opinion se détachera peu à peu de l'*idée* religieuse.

[1] 5 avril 1884.
[2] 9 juillet 1881.
[3] Votée à la Chambre le 30 mars 1886.

Cependant un moyen plus sûr de ruiner l'influence extérieure de l'Église est de lui *couper les vivres*. Toute une série de lois doit y pourvoir.

Le célèbre *amendement* Brisson [1] écrase d'impôts exorbitants les congrégations religieuses autorisées. Petites-Sœurs des pauvres, Filles de la Charité devront payer au fisc trois pour cent de leurs *bénéfices!* C'est le pain de leurs vieillards qu'on leur arrache : qu'importe? Le même Brisson ne disait-il pas, en 1880, au banquet des commis voyageurs : *La charité, la démocratie n'en veut plus!*

En 1882, Paul Bert a, le premier, l'honneur de faire supprimer les *bourses* accordées aux séminaires catholiques. Depuis, elles ne sont plus rétablies.

Notre admirable clergé d'Afrique se voit, depuis 1877, marchander, rogner et enfin supprimer les subventions qui lui permettaient d'étendre chez les Arabes l'influence française. Notre drapeau sera humilié: qu'importe! « Périssent les colonies plutôt qu'un principe! »

---

[1] 28 décembre 1880.

Au mépris de toute légalité, le gouvernement suspend ou supprime, sans autre forme de procès, les maigres traitements d'une foule d'ecclésiastiques, soit parce que ces prêtres ont déplu, soit pour faire de sordides économies aux dépens de l'Église[1].

Il est temps de s'attaquer plus directement au clergé, d'essayer de le désorganiser, d'entraver son recrutement, de lui souffler l'esprit d'indiscipline.

M. Saint-Martin proposera d'autoriser formellement le *mariage des prêtres*[2].

M. Bernard Lavergne demandera vingt mille francs pour donner des secours aux *prêtres interdits* à raison de leurs opinions gallicanes[3].

Les *facultés de théologie* sont supprimées[4].

L'obligation au service militaire pour les séminaristes, exigée depuis plusieurs années par les radicaux, est enfin inscrite dans la loi ; tandis que, pour accentuer l'intention, la dispense est maintenue pour les instituteurs.

---

[1] Dans le seul mois de janvier 1886, trois cent trente-six vicariats sont ainsi arbitrairement supprimés par circulaire ministérielle.

[2] 10 mars 1879.

[3] Discussion du budget de 1881.

[4] 2 février 1882.

Faut-il rappeler encore les décrets du 29 mars 1880, dissolvant violemment les congrégations religieuses, les expulsions brutales, les confiscations, les dénis de justice, la scandaleuse impunité des crocheteurs?...

Faut-il noter les menaces tenues en réserve contre la *liberté d'association* par les projets de loi Waldeck-Rousseau et Lafon?...

De quelque côté que l'on se tourne, on n'aperçoit que violences, injustice, atteinte à un droit légitime.

Un député suggère l'idée de dresser une statistique des *opinions religieuses* [1].

A Châteauvillain, où des propriétaires défendent leur domicile et leur liberté de conscience, le sang coule sous les balles des agents républicains. Et c'est aux victimes que s'en prennent les tribunaux [2]!

L'église Sainte-Geneviève, que ne protège plus la mémoire séculaire de la grande patronne de Paris, est enlevée au culte pour servir à l'apothéose d'un ennemi acharné de la religion [3].

Pour bien montrer que le christianisme

[1] 13 février 1882, proposition Talandier.
[2] 9 avril 1886.
[3] 26 mai 1885.

n'est, en effet, qu'une quantité négligeable,
une chaire des *religions comparées* est créée
à la Sorbonne [1]...

Cette énumération, d'ailleurs bien incomplète, est instructive. Ce n'est là pourtant
que le dégagement des abords de la question.
Il reste à voir comment la séparation de
l'Église et de l'État s'est posée, et comment
les ennemis de l'Église comptent la résoudre.

IV. — Les projets actuels de séparation.

Il y a plusieurs systèmes. Les uns vont au
but franchement; les autres par des chemins
tortueux.

Depuis neuf ans, bien des propositions ont
vu le jour. C'est à peine si deux ou trois ont
subi l'épreuve de la discussion publique.
Presque toutes ont été renvoyées aux commissions, amendées, modifiées. Le stock de
projets séparatistes s'est ainsi peu à peu
grossi, et le parlement sera probablement
assez embarrassé pour y faire un choix. Il
semble que, si vif désir qu'on en ait, on soit

[1] Juin 1885.

effrayé de la grandeur de la destruction qui se prépare.

L'opinion d'ailleurs est loin d'être mûre. Nos gouvernants le savent bien ; les plus farouches adversaires de l'Église sont à peine au pouvoir, que force leur est de revenir sur leurs promesses de la veille.

Paul Bert lui-même n'a pas osé parler de séparation absolue. Le projet de loi qu'il avait déposé pendant son passage au ministère [1] prenait pour base le Concordat.

Voici l'analyse que lui-même en a donnée : « Ce projet contient deux ordres de dispositions. Les unes dépouillent l'Église catholique de privilèges et d'immunités que lui a successivement accordés la faiblesse des gouvernements, à commencer, dès 1809, par celui du premier Empire (exemption du service militaire, honneurs extraordinaires, traitement des chanoines, bourses, etc.). Les autres ajoutent des sanctions pénales aux prescriptions qu'en outre de l'article 1er du Concordat, les articles organiques ont édictées dans l'intérêt de la tranquillité publique. »

[1] 7 février 1882.

C'est également par voie de modifications aux Organiques que procédait le projet de M. Bernard Lavergne [1].

Celui de M. Yves Guyot est beaucoup plus perfide, puisqu'il consiste à remettre la charge du budget des cultes aux conseils municipaux, qui pourraient *ad libitum,* et Dieu sait pour quels motifs! maintenir ou supprimer les traitements ecclésiastiques [2].

Tous les ans, dans le Parlement, la question de la séparation est indirectement agitée, tantôt au sujet du budget général des cultes, tantôt à l'occasion du maintien de l'ambassade française au Vatican. Mêmes récriminations de la part de la gauche ; mêmes réponses irréfutables, mêmes protestations éloquentes de nos grands orateurs catholiques, les Freppel, les de Mun, les Chesnelong. Et toujours la discussion se clôt sur une intervention du gouvernement, qui se déclare de cœur avec les assaillants, mais qui se refuse, *pour cette année encore,* à prendre sur lui la responsabilité de la rupture.

Les radicaux sont opiniâtres ; ils savent

[1] 31 mars 1882.
[2] Mai 1886.

bien qu'en frappant toujours sur un clou, on l'enfonce ; et un jour viendra où il ne sera plus possible de se dérober. Ce jour-là, le débat s'engagera sur une des propositions qui attendent dans les cartons de la Chambre le moment opportun.

Il y en a de M. Boysset[1], de M. Corentin Guyho[2], de M. Jules Roche[3], de MM. Planteau et Michelin[4].

Il est inutile de les analyser en détail. Le fond en est sensiblement le même.

Le système le plus simple est celui de la loi Boysset, remaniée, au mois de juin 1887, par la commission spéciale du Concordat.

Elle déclare abolis le Concordat et toutes les autres lois rendues en matière ecclésiastique (art. 2, 3, 4).

Tous les biens ecclésiastiques, églises, presbytères, domaines des fabriques, séminaires ou autres établissements religieux sont attribués en propriété aux communes et aux départements (art. 5, 6).

Les traitements sont supprimés, sauf une

[1] 30 juillet 1879.
[2] 10 novembre 1881.
[3] 11 février 1882.
[4] 1er juin 1886.

pension de 1 000 francs à servir aux anciens titulaires ecclésiastiques âgés de plus de cinquante ans (art. 8).

Enfin (art. 9 et 10) les citoyens qui voudront d'un culte quelconque pourront former entre eux des *syndicats religieux* sous le régime de la loi du 21 mars 1884, relative aux associations professionnelles [1].

On voit que M. Boysset peut inscrire avec raison, en tête de son projet : *Article premier : La république respecte tous les cultes.*

Si l'on examine les motifs sur lesquels s'appuient les détracteurs du Concordat, on voit que leurs arguments sont en très petit nombre, et généralement peu sérieux. Essayons de les résumer fidèlement.

Les religions sont mortes. Le progrès scientifique entraîne les sociétés vers l'affirmation universelle de la *libre pensée*. C'est la loi et c'est le fait. N'assistons-nous pas, en particulier, à la décadence du catholicisme, même et surtout dans les pays qui n'ont pas secoué le joug de l'Église romaine ? Obliger un État

---

[1] On sait que les syndicats professionnels ne peuvent recevoir dons ou legs, ni posséder autre chose que des meubles, et, en fait d'immeubles, seulement celui où s'exerce l'industrie.

démocratique et progressiste à protéger un culte quelconque, serait entraver à tout jamais son perfectionnement.

Il serait inutile de vouloir démontrer à des athées de profession l'excellence de la religion chrétienne. La seule réponse à faire est celle que nous fournit la méthode expérimentale, au témoignage de laquelle « les peuples prospères, qui offrent, plus que les peuples célèbres, le critérium du bien, se placent comme savants à des hauteurs très inégales, mais *sont toujours les plus religieux*; d'où l'on doit conclure que c'est la religion et non la science qui fait leur prospérité[1]. »

Jusqu'à présent, les sceptiques qui prétendent fonder le progrès des peuples sur l'inutilité des croyances n'ayant pu produire à l'appui de leurs allégations que « des races manifestement dégradées, on aura le droit de condamner absolument, au nom de la

---

[1] Le Play, *l'Organisation du travail*, Tours, Mame, 1877, p. 258. — M. Le Play dit autre part : « Dans tous les temps, sous tous les climats, chez toutes les races, la religion est aussi caractéristique pour les sociétés humaines que la nutrition, absente chez les minéraux, est essentielle aux êtres organisés. » *Les Ouvriers européens*, 1879, p. 71.

science, les doctrines qui nient Dieu et la religion [1]. »

Les sceptiques commettent d'ailleurs une erreur de fait quand ils parlent de la décadence du catholicisme. Sans doute ils y travaillent eux-mêmes de tout leur pouvoir. Jamais les tentatives de *déchristianisation* n'ont été plus actives. Toutes les influences gouvernementales sont mises en jeu pour arracher la foi du cœur des peuples. Les convictions religieuses sont suspectées, pourchassées ; un *clérical* est un homme sacrifié ; le mal s'étend tous les jours... Mais cette persécution ne prouve-t-elle pas la vitalité surnaturelle du catholicisme par les admirables efforts qu'elle suscite chez les croyants ? La résistance n'est-elle pas à la hauteur de l'attaque ? Les œuvres catholiques ont-elles jamais développé plus d'énergie ? On est chrétien aujourd'hui comme on n'aurait jamais osé l'être il y a quarante ans. L'unité religieuse n'a jamais été plus étroite et plus indiscutée ; et ce n'est pas apparemment les convulsions d'un corps agonisant que ces incroyables manifestations de respect et d'a-

---

[1] *L'Organisation du travail*, p. 259.

mour qui amènent des peuples entiers aux pieds du vicaire du Christ [1].

Reprocher au catholicisme de conduire les nations à la décadence est aussi injuste que peu judicieux. Si la France, en particulier, offre le spectacle de la désorganisation sociale, à qui le doit-elle, si ce n'est à ce travail révolutionnaire qui la mine depuis un siècle, détruisant chez elle respect, morale, autorité paternelle, famille, propriété, toutes les institutions qui font les peuples grands et libres ? Et à qui doit-elle de pouvoir résister à ces terribles assauts, si ce n'est à la religion [2] ?

Les ennemis de la religion sont aussi fondés à se prévaloir du scepticisme, qui est leur œuvre, que le malfaiteur qui vous détrousse et se sauve en criant : Au voleur ! pour détourner les soupçons.

[1] Un des hommes les plus considérables du protestantisme allemand, le pasteur Stœcker, écrivait, en avril 1887, dans la *Gazette ecclésiastique évangélique* : « L'Église catholique a acquis une grande influence sur le terrain social... Elle est regardée comme l'âme des grandes réformes économiques et l'initiatrice des relations sociales. »

[2] Consulter un remarquable article de M. Demolins, *la Religion est-elle responsable de l'état social ?* — *La Science sociale,* novembre 1887.

Le Concordat ne paraît pas seulement une anomalie philosophique ; quelques-uns le repoussent à cause de son origine politique.

« Nous, république de 1881, nous ne sommes à aucun titre les héritiers de Napoléon Bonaparte, *et nous ne pouvons être liés par un traité qu'il a consenti* [1]. »

Théorie très commode et qui témoigne de la désinvolture avec laquelle ces Messieurs jettent à l'eau le droit, quand le droit les gêne. Où en seraient les conventions internationales si une génération pouvait déchirer à sa guise les engagements solennels pris par les générations précédentes ?

Cette prétention est par trop forte. Aussi la plupart des partisans de la séparation se sont-ils de préférence appliqués à démontrer que le Concordat n'avait jamais été observé de bonne foi par les deux parties contractantes. Une foule de modifications en ont altéré l'essence : le nombre des évêchés a été augmenté, des édifices livrés au clergé en dehors des stipulations primitives, les traitements accrus, etc. Bref le Concordat est, *en*

----

[1] *Exposé des motifs* de la proposition Boysset, 17 novembre 1881.

fait, abrogé, et il ne reste plus qu'à légaliser cette situation.

L'argument n'est pas plus sérieux. Si le régime concordataire a subi depuis quatre-vingt-sept ans des modifications, la chose s'est produite très régulièrement, en vertu d'accords entre les deux parties. Tout contrat, notamment tout traité diplomatique, porte en lui-même des conséquences qui ne se développent qu'avec le temps et au fur et à mesure des besoins. Les dix-sept articles du Concordat se sont bornés à poser les principes : liberté du culte, indemnité ecclésiastique, nomination des évêques par les deux pouvoirs, etc. Il ne pouvait ni prévoir ni régler tous les détails de l'organisation, parce que l'application plus ou moins large des principes dépendait avant tout des circonstances.

Prenons pour exemple le budget des cultes. Sans doute il s'est fort accru depuis un siècle. N'était-ce pas justice ? En 1801 nous ne possédions ni la Tunisie, ni l'Algérie, ni l'Indo-Chine. La population de la France, qui s'élevait, en 1789, à 26 millions d'habitants, en compte aujourd'hui 43 millions[1].

---

[1] France continentale, 33 218 903 hab. ; colonies, 5 000 000. Total, 43 218 903. Recensement de 1886.

Exiger que l'on en reste, à l'heure qu'il est, aux conditions primitives du Concordat, est aussi raisonnable que si l'on prétendait en revenir en diplomatie aux traités de 1815, ou, en économie politique, à la *balance du commerce* de Turgot.

Soit, nous répond-on. Mais alors pourquoi mettre le budget des cultes à la charge de l'État, c'est-à-dire obliger une foule de Français non catholiques à faire les frais d'un culte qu'ils réprouvent? Cela est injuste. *Que ceux qui veulent du culte le payent!*

Pur sophisme! S'il est prouvé, comme nous le ferons dans le chapitre suivant, que le budget des cultes n'est que la représentation d'une dette nationale, obligatoire et sacrée, qu'importent les opinions de chacun?

Il n'est pas un article du budget sur lequel tout contribuable n'eût quelque objection particulière à faire valoir. Combien de Français ne mettront jamais les pieds dans les théâtres auxquels, tous les ans, l'État accorde des millions?

« Eh! s'écrie le socialiste Proud'hon, pourquoi, avec ce bel argument que ceux-là qui veulent de la religion n'ont qu'à la payer seuls, ne retrancherait-on pas du budget social toutes les allocations pour travaux publics? Pourquoi le paysan bourguignon payerait-il les routes de la Bretagne, et l'armateur marseillais, les subventions de l'Opéra [1]? »

Le moindre tort de toutes ces raisons est de ne pas être prises au sérieux par ceux mêmes qui les portent à la tribune. Malgré tout leur zèle antireligieux, les radicaux se rendent compte que la France n'est pas avec eux, qu'elle se débat et proteste sous la main de fer de la tyrannie; leurs docteurs le constatent et s'en alarment dans leurs heures de franchise. « *La tache noire de l'Ouest s'agrandit,* écrit M. Ranc dans le *Matin*. Bonne leçon pour ceux qui s'imaginent que le cléricalisme n'est pas une force et une force ennemie. »

La leçon n'est-elle bonne que pour nos adversaires, et ne pouvons-nous donc en profiter?

[1] *Programme* adressé aux électeurs de la Seine en 1848.

CHAPITRE IV

LES RÉSULTATS DE LA SÉPARATION

Le dessein des adversaires du Concordat étant nettement connu, il est bon de montrer à quelles conséquences déplorables aboutirait sa réalisation, si Dieu le permettait.

Ces conséquences peuvent être étudiées aux points de vue *juridique, financier, politique* et *moral*.

I. — Résultats juridiques.

On se fait généralement une assez fausse idée de la situation juridique du clergé français. A force d'entendre parler de dispenses, d'immunités, de privilèges, on finit par se persuader que l'Église occupe chez nous une position exceptionnellement avantageuse; ce qui a le don d'agacer les maniaques d'égalité et dispose les esprits à favorablement accueillir toute idée de réformes, de restrictions, de retour au droit commun.

C'est là une grave erreur, ainsi qu'on peut s'en convaincre en parcourant avec nous certaines dispositions des lois civiles, administratives ou criminelles dont l'ensemble forme l'*état* des personnes ou des biens ecclésiastiques en France.

Depuis la Révolution, le prêtre a été soustrait aux juridictions spéciales dont il dépendait en vertu du droit canonique, non seulement au point de vue de ses fonctions sacrées, mais pour les actes ordinaires de la vie civile.

Sauf certains cas, que l'on peut appeler *disciplinaires* et qui se règlent entre lui et ses supérieurs, le prêtre est considéré par la loi civile comme un citoyen comme les autres, ni plus ni moins ; si la loi s'occupe de lui, c'est bien moins pour étendre que pour restreindre ses facultés juridiques.

C'est le décret du 28 février 1810, article 4, qui interdit d'entrer dans les ordres sans le consentement formel des parents[1].

---

[1] Il est bien entendu que je ne me préoccupe pas ici de la question de savoir si les différentes lois analysées ne sont pas des violations manifestes de la loi canonique.

C'est l'article 909 du code civil, qui déclare *incapable de recevoir* par donation ou legs le ministre du culte qui aura donné ses soins au donateur ou testateur pendant sa dernière maladie.

C'est l'article 33 de la loi municipale, qui frappe d'*inéligibilité* au conseil municipal le prêtre qui exerce des fonctions dans la commune.

C'est l'*empêchement au mariage,* qui, d'après les meilleurs interprètes du code civil et, — au moins jusqu'à ces derniers temps, — d'après la jurisprudence, résulte de la prêtrise, comme conséquence nécessaire de l'article 1er du Concordat[1].

L'ecclésiastique est, à la vérité, dispensé dans certains cas de la *tutelle*[2]; mais cette dispense n'a rien d'exceptionnel, puisqu'elle lui est commune avec les militaires, les fonctionnaires et les magistrats.

Nous n'insistons pas sur la dispense du

[1] Par un récent arrêt du 25 janvier 1888, la cour de cassation, inaugurant une nouvelle jurisprudence, a décidé « qu'aucune loi n'interdit le mariage au prêtre catholique, au regard de l'autorité civile. »

[2] Art 427, 428 du code civil. — Avis du conseil d'État, 20 novembre 1806.

jury criminel, car cette dispense a plutôt le caractère d'une précaution contre le prêtre que d'un hommage rendu à ses fonctions [1].

La principale immunité, celle qui soulève le plus de colères, est *l'exemption du service militaire* [2]. Mais faut-il y voir un privilège? Nous laissons à M. Jules Simon le soin de répondre.

« S'il s'agissait d'une *faveur* pour les séminaristes, nous serions le premier à la combattre. Mais il ne s'agit pas d'eux, *il s'agit d'un service public compromis.* » Sans doute les ennemis jurés du sacerdoce ne se rendront pas à cette raison. « Mais nous supplions les autres de bien considérer que, *si l'exemption du service militaire est purement et simplement abolie, c'en est fait du recrutement du clergé.* Il ne faut pas se laisser leurrer par des lieux communs sur la vie de soldat, l'école du respect, l'honneur militaire, mais prendre les faits tels qu'ils sont... Les anciens sergents et les anciens caporaux feront quelquefois d'étranges confesseurs. Aussi le nombre des prêtres diminuera, et les

---

[1] Loi du 21 novembre 1872, art. 3.
[2] Loi du 27 juillet 1872, art. 20, § 7.

prêtres qui resteront seront suspects : c'est un coup mortel porté à l'Église[1]. »

Un homme peu suspect de cléricalisme, le comte de Cavour, s'exprimait ainsi, en 1853, sur la même question : « Cette exemption ne s'accorde plus à l'ecclésiastique pour son avantage à lui, mais elle est établie dans l'intérêt de la société, afin que celle-ci ait le nombre de prêtres dont elle a besoin... Cela étant, *on ne peut plus parler de privilège;* c'est une disposition dont profite la société. »

En effet, si tous les citoyens doivent servir la patrie, il n'est pas nécessaire, il est même illogique que le service soit pour tous de la même *nature.*

Et quel est donc ce service public qui doit être assuré par le prêtre? Le voici, éloquemment défini :

« Renoncer aux joies de la famille, vivre seul jusqu'à la vieillesse pour être le père de tous, échanger quelquefois de brillantes perspectives de fortune ou de succès contre une situation obscure et modeste, donner à l'instruction des enfants du peuple, au soulagement des pauvres, aux entreprises cha-

---

[1] Jules Simon, *Dieu, patrie, liberté,* Paris, Calmann Lévy, 1883, pp. 265, 266.

ritables, tout son temps et toutes ses forces, tel est l'emploi d'une vie sacerdotale. Vienne l'épidémie ou quelque fléau, le prêtre retrouve là un champ de bataille qui est le sien. Vienne la guerre elle-même, sa main, qui ne blesse point, saura panser les blessures; sa parole, qui est celle de Dieu, distribuera la consolation et le pardon, et quelquefois, frappé à son tour près du soldat qui meurt, il aura l'honneur et la joie de mêler son sang à celui des défenseurs de la patrie[1]. »

Parlerons-nous des pénalités rigoureuses qui frappent le prêtre dans certains cas où la loi qualifie délit ce qui peut n'être que l'accomplissement d'un devoir rigoureux?

Procède-t-il, *in extremis,* à un mariage religieux avant le mariage civil, il risque l'amende; cinq ans de prison en cas de récidive, et, pour la troisième fois, la détention[2].

Entretient-il sans la permission du gouvernement une correspondance avec le saint-siège, *même sur des « questions ou matières religieuses, »* comme le serait une dispense matrimoniale ou une consultation liturgique,

---

[1] Lettre du cardinal Guibert aux députés, au sujet du projet de loi contre l'immunité ecclésiastique, 25 janvier 1881.

[2] Code pénal, art. 199, 200.

c'est l'emprisonnement, et, dans certains cas, le bannissement[1]!

Signale-t-il en chaire ou par écrit, comme le lui impose sa charge, le danger qui peut résulter pour les âmes de la diffusion de mauvais livres couverts de l'estampille officielle, le voilà coupable de « *critiques, censures d'actes gouvernementaux* » et passible de deux ans de prison[2].

Et nous passons sous silence les élastiques *recours pour abus,* qui peuvent amener devant le conseil d'État tout ecclésiastique suspect de peu d'affection pour le pouvoir.

En voilà suffisamment pour prouver que, si la loi fait une différence entre le prêtre et les autres citoyens, c'est pour le soumettre à une plus rigoureuse surveillance, et non pas pour lui accorder des privilèges.

Nous en dirons autant de la propriété ecclésiastique.

En principe, la loi ne reconnaît pas l'Église

---

[1] Cette disposition semble inouïe. Cependant les articles 207 et 208 du code pénal sont là, heureusement inappliqués. Et MM. Chauveau et Hélie reconnaissent, dans leur *Théorie du code pénal* (t. III, n° 806), que c'est bien la cour de Rome que visent ces mots du texte : « Cour ou puissance étrangère. »

[2] Code pénal, art. 204, 205, 206.

comme *personne morale*. Celle-ci ne peut donc, en cette qualité, ni acquérir ni posséder.

Quelques unités spéciales, soigneusement et strictement réglementées par la loi civile, *diocèses, menses* épiscopales ou curiales, *fabriques*, ont le droit à la propriété, mais sous quelles réserves ! Ce sont des *incapables*, soumis à la tutelle perpétuelle de l'État, qui donne à leurs règlements force de loi, qui doit autoriser et qui peut interdire à sa guise toute acquisition, toute aliénation, toute location nouvelle [1].

Les édifices servant au culte peuvent-ils eux-mêmes être considérés comme *biens d'Église?*

Non, d'après la doctrine officielle. Les églises cathédrales et métropolitaines font partie du domaine public national; les églises paroissiales, du domaine public communal; comme telles, inaliénables et imprescriptibles. Le droit du clergé ne serait qu'un droit de jouissance, perpétuel suivant les uns, précaire et résoluble suivant les autres.

Il y aurait beaucoup à dire sur cette

[1] Décret du 30 décembre 1809, art. 62.

question de la propriété des églises, question complexe et délicate. Ce n'est pas le lieu. Bornons-nous à faire observer que le doute devrait être favorable à l'Église, au moins en ce qui concerne les édifices restitués au culte par le Concordat de 1801.

Article 12. « Toutes les églises... non aliénées, nécessaires au culte, seront *remises à la disposition des évêques.* »

Les jurisconsultes officiels voient dans ce terme une simple attribution de *jouissance* et non de propriété.

Or il est remarquable que la Constituante avait employé une formule identique pour s'emparer des biens de l'Église : « Les biens du clergé *sont à la disposition de la nation.* » Dans la pensée des hommes de 1789, c'était bien de la *propriété* qu'il s'agissait, et non pas seulement de la jouissance. Pourquoi ces mots auraient-ils changé de sens dans l'acte destiné à réparer la spoliation ?

La réponse serait, hélas ! trop facile. Quoi qu'il en soit, on voit que la loi française est loin d'être douce à la propriété ecclésiastique.

Ce n'est pas même l'obligation imposée à la commune de contribuer aux frais d'entretien et de réparations des édifices religieux, qui puisse forcer l'Église à aucune reconnaissance. Outre que la commune n'est tenue d'y pourvoir que subsidiairement, lorsque le budget de la fabrique est insuffisant, il n'y a là que l'accomplissement d'un devoir de justice.

Si l'Église était encore propriétaire des biens qu'elle tenait de la générosité des fidèles, elle pourrait ne compter que sur elle-même pour la subsistance de ses prêtres et l'entretien de ses temples. La Révolution lui en a enlevé le moyen en la dépouillant de sa fortune. Il est de toute justice que la commune succède à ses charges. C'est son devoir d'assurer aux familles, dont elle est l'agrégation, la satisfaction de tous leurs besoins légitimes. Or ces besoins ne sont pas seulement d'ordre matériel; il y a les besoins d'ordre intellectuel et moral. Le culte est public; l'Église doit être mise dans le cas d'y pourvoir décemment. La fabrique ne possédant que des revenus le plus souvent trop modiques, il est indispensable que la caisse municipale, c'est-à-dire la caisse de tous, vienne à son aide.

Encore une fois, rien dans nos lois n'assure à l'Église une situation privilégiée. Au contraire, on peut dire qu'elle est enchaînée dans un véritable réseau de restrictions et de prohibitions extérieures.

Voici donc notre conclusion.

Supposez la séparation votée : quel sera le résultat? De mettre fin à des privilèges ; de faire rentrer le clergé dans le droit commun? Pas du tout! Le résultat sera d'aggraver singulièrement la situation des ecclésiastiques, et de l'aggraver sans compensation, c'est-à-dire de commettre une iniquité gratuite.

Les restrictions demeureront, car oserait-on soutenir que l'État républicain et athée renoncerait, vis-à-vis du prêtre devenu indépendant, aux précautions qu'il s'est assuré contre le prêtre *concordataire*? Le laisserait-il prêcher en toute liberté, critiquer le gouvernement, recueillir des dons et legs, organiser des assemblées, en un mot se faire une situation qui pourrait devenir bien plus redoutable?

Non, la défiance du pouvoir s'appesantira toujours sur le prêtre. Celui-ci devra satisfaire, comme auparavant, à sa lourde et accablante mission sociale, et il aura perdu toutes les compensations, traitement, honneurs, crédit, etc., qu'à défaut de réelle sympathie lui assure la reconnaissance, — nous ne disons pas l'attache, — officielle. Ce sera du privilège à rebours.

Quant au sort' des *biens*, le paragraphe suivant mettra mieux en lumière l'injustice de la séparation à cet égard.

II. — Résultats financiers.

La séparation fera disparaître le *budget des cultes*.

Qu'est-ce que le budget des cultes? L'État peut-il en disposer à son gré?

La théorie révolutionnaire, que professent plus ou moins consciemment bien des gens ignorants ou abusés, soutient que l'État est le maître du budget des cultes, comme de toute autre branche de son budget; qu'il a le droit incontestable de modifier, réduire ou supprimer telle ou telle partie des services publics et des fonds qui leur sont affectés. Les ecclésiastiques ne sont que des fonctionnaires de l'État.

On objecte bien que le budget des cultes ne ressemble pas aux autres, qu'il est une dette sacrée ; mais M. Pichon vous dira « qu'il suffit de relire les débats de la Constituante, pour se convaincre *de la futilité de cette prétention.* »

Prétendre que l'État ne peut toucher au budget des cultes équivaudrait à rendre le clergé propriétaire. Or « le clergé propriétaire, s'écrie le même docteur, mais c'est le contraire de la doctrine du code civil, c'est le contraire de la théorie de la propriété moderne ; c'est le contraire de la pratique des anciens rois de France ; c'est le contraire de l'opinion soutenue par tous les orateurs, par tous les jurisconsultes qui ont fait décréter la vente des biens ecclésiastiques et la suppression des dîmes ; c'est le contraire des réclamations des premiers états généraux [1]. »

Comment résister à pareille accumulation de témoignages ?

Et cependant tout cela ne prouve absolument rien. M. Pichon déplaçait lourdement la question. Il ne s'agit pas de savoir si les rois de France et les états généraux ont refusé de reconnaître le droit du clergé à la

---

[1] Discours de M. Pichon à la Chambre des députés, sur la suppression du budget des cultes, 29 janvier 1887. *Journal officiel*, Débats parlementaires, 1887, p. 218.

propriété, — ce qui serait d'ailleurs une bourde historique ; — il ne s'agit même pas de savoir si la Constituante a refusé à l'Église le même droit de propriété pour l'avenir.

La Constituante a-t-elle, oui ou non, entendu s'emparer des biens du clergé SANS COMPENSATION ? N'a-t-elle pas, au contraire, stipulé formellement en faveur du clergé dépouillé une *indemnité dont le budget des cultes n'est que la représentation très insuffisante ?*

Tout est là.

Or la mauvaise foi seule peut se prononcer contre la réalité du fait que nous venons d'affirmer.

Reportons-nous au 2 novembre 1789.

Les finances de l'État étaient aux abois ; on cherchait des expédients. L'archevêque d'Aix, Mgr de Boisgelin, offrit « de solder à l'instant les 360 millions de dette exigible, au moyen d'un emprunt hypothécaire de 400 millions sur les biens ecclésiastiques », ce qui eût été une bonne opération, « car, en ce temps-là, le crédit du clergé est le seul solide : d'ordinaire il emprunte à moins de 5 pour 100, et on lui a toujours apporté plus d'argent qu'il demandait ; tandis que l'État emprunte à 10 pour 100 et, en ce moment même, ne trouve plus de prêteurs[1]. »

Mais les théoriciens de l'Assemblée firent repousser l'offre et proposèrent de prendre au lieu d'emprunter, en justifiant ce moyen expéditif par cette abstraction sophistique, « qu'il ne fallait pas de *corps* dans l'État, pas plus le clergé que les autres, et que, pour détruire les corps, il n'y avait qu'à leur enlever leurs biens. »

Il fallait de l'argent à tout prix, et cette spoliation, qui servait les passions antireligieuses des uns, que les autres ne surent ou ne purent combattre avec assez d'énergie, fut consommée.

Toutefois la majorité de l'Assemblée n'osa pas aller jusqu'au bout de la théorie. Elle voulut atténuer le caractère odieux et injuste de la mesure, et décréta que les biens ecclésiastiques étaient « *à la disposition de la nation,* A LA CHARGE *de pourvoir d'une manière convenable aux frais du culte, à l'entretien des ministres et au soulagement des pauvres*[2]. »

Nous ne revenons pas sur ce qui a été dit

[1] Taine, *la Révolution*, t. I, p. 220.
[2] Décret du 2 novembre 1789.

de l'emploi si légitime et si hautement bienfaisant que l'Église faisait de son patrimoine.
L'Assemblée savait parfaitement que les revenus des biens qu'elle confisquait défrayaient
gratuitement une foule de services publics et
sociaux, et qu'en réalisant imprudemment
le capital pour combler momentanément le
gouffre du budget, elle allait, pour l'avenir,
charger l'État d'une responsabilité écrasante.
Mais on ne réfléchissait pas : on était emporté. Et puis cette idée césarienne de l'État
patron, pourvoyeur universel, n'était pas pour
déplaire à des esprits imbus des maximes du
Contrat social [1].

Il arriva d'ailleurs ce qu'il était facile de
prévoir. L'État ne sut pas ménager la fortune
qu'il venait de s'approprier. Il la gaspilla,
l'escompta follement, et finalement aboutit à
la banqueroute, tandis qu'il se trouvait avoir
pris à sa charge des dépenses et des frais
auxquels le clergé subvenait seul jadis [2].

L'obligation pour l'État de reconnaître par

---

[1] « Les clauses du contrat social se réduisent toutes à une
seule, savoir : *l'aliénation totale de chaque associé, avec tous
ses droits, à la communauté.* » J.-J. Rousseau, *Contrat social*,
I, 6.

[2] Voir Taine, *la Révolution*, t. I, pp. 225, 226.

une indemnité convenable la prise de posses-
sion des biens ecclésiastiques paraissait tel-
lement légitime et indéniable que plusieurs
fois, au cours de la révolution, le principe
en fut de nouveau affirmé. Il est curieux de
voir, aux époques les plus troublées, et alors
que le clergé subissait la persécution, les assemblées se déclarant liées par le vote de la
Constituante.

Le 13 avril 1790, celle-ci avait décrété que
désormais les dépenses du culte catholique
seraient *mises à la première place des dépenses publiques.*

La constitution de 1791 portait, dans l'article 2 de son titre V, que « les traitements
des ministres du culte catholique... *font
partie de la dette nationale.* »

Le 14 septembre 1792, l'Assemblée légis-
lative, après avoir posé en principe qu'à
partir du 1er janvier 1793 les dépenses de
chaque culte seront à la charge des particuliers, déclare expressément qu'il est *fait
exception pour le traitement des ministres du
culte catholique.*

Les 24 août et 13 septembre 1793, la Convention elle-même inscrit dans la loi qui or-
donne la formation du grand-livre cet enga-

gement : *La République pourvoira aux frais du culte à compter du 1er janvier 1794.*

Un an après, le 18 septembre 1794, la même assemblée réglait les pensions des « prêtres qui auraient continué leurs fonctions ou qui les auraient abandonnées sans abdiquer leur état ».

Ces assemblées révolutionnaires auraient-elles tenu ce langage, que leur pratique faisait d'ailleurs si fréquemment mentir, si le principe de l'indemnité due au clergé catholique n'avait paru au-dessus de toute discussion ?

Lorsque le Concordat de 1801 stipulait, dans son article 14, *un traitement convenable aux évêques et aux curés,* il ne créait donc pas une dette nouvelle ; il ne faisait que consacrer et confirmer une dette anciennement consentie et moralement imprescriptible.

Les négociateurs, comme les interprètes du Concordat, parlent tous d'un acte de *réparation,* d'un acte de justice.

« L'Assemblée nationale, disait le comte Siméon, appliqua le patrimoine ecclésiastique aux besoins de l'État, *mais sous la promesse de salarier* [1] *les fonctions ecclésiastiques.* Cette

[1] Expression impropre : un créancier qui touche le payement

obligation trop négligée sera remplie avec justice, économie et intelligence. *Il n'en coûte pas au trésor public la quinzième partie de ce que la nation a gagné à la réunion des biens du clergé*[1]. »

Cette obligation a été reconnue par tous les régimes qui ont suivi. L'article 7 de la Constitution de 1848 le proclamait même expressément.

Que sert d'insister? Le budget des cultes est une dette, la plus sacrée de toutes les dettes. Le prêtre est un créancier. Le gouvernement qui refuse de payer les intérêts de sa dette forfait à des engagements authentiques; disons le mot, *il vole,* aussi bien quand il supprime en détail le traitement de quelques vicaires que lorsqu'il médite de supprimer tout le budget d'un seul coup.

La France est-elle donc si intéressée à la suppression de ce budget des cultes? Prétendrait-on, comme en 1789, colorer la spoliation par le prétexte d'une nécessité natio-

d'une dette n'est pas un salarié; mais l'inexactitude du terme ne fait pas échec au principe.

[1] Rapport au Tribunat sur le *projet de loi relatif au Concordat.*

nale? Eh quoi! c'est par centaines de millions que se chiffre le déficit, et ce sont les 43 millions que vous jetez comme une aumône à l'Église, c'est-à-dire à peine la quatre-vingtième partie de votre colossal budget[1], qui rétabliront l'ordre dans les finances!...

Mettant à part toute idée de fidélité aux engagements, on éprouve une indignation douloureuse en voyant ces hommes, pour grossir d'autant la caisse aux dépens de laquelle ils ont su se faire tant de grasses sinécures, se jeter sur le misérable traitement qui suffit à peine à faire vivre de pauvres prêtres, quand les indigents en ont déjà prélevé la première part!

...Mgr l'évêque d'Amiens, aujourd'hui archevêque de Bordeaux, déclare : « que le revenu des curés de seconde classe, en comptant le casuel, les honoraires des messes et le traitement payé par l'État, oscille entre 1 200 et 1 300 francs dans le diocèse de Gap; entre 1 400 et 1 500 francs dans le diocèse d'Amiens, qui est un diocèse riche. On sait qu'il n'y a

---

[1] Budget général des dépenses pour 1888, y compris les dépenses spéciales et extraordinaires, 3 465 212 927 francs. — Budget des cultes, 45 369 545 francs, sur lesquels 43 384 705 pour le culte catholique.

pas pour le clergé de pension de retraite[1]. »

Et M. Jules Simon, qui cite cette autorité, ajoute : « On trouve cependant des hommes qui embrassent ce rude métier, si pauvrement rétribué, si plein d'amertumes, de fatigues et de sacrifices, parce qu'on a soin de les élever dans des sentiments de piété et d'abnégation. On en trouve, mais en nombre insuffisant[2]. »

Il n'est question, en tout ceci, que de la suppression totale du budget des cultes. A quoi bon s'arrêter aux opinions peu sincères qui, affectant de respecter ce budget, proposent seulement de le ramener *aux limites fixées par le Concordat?* Comme si les conditions n'avaient pas changé depuis 1801, et comme si 10000 et 15000 francs, sommes alors considérables, n'étaient pas devenus insuffisants aujourd'hui[3] !

[1] Mgr Guilbert, *Du recrutement du Clergé de France*, 1881.

[2] Jules Simon, *Dieu, patrie, liberté*, p. 207.

[3] En 1802, le total des dépenses de l'État pour le service des cultes ne dépassait pas 1 200 000 francs. Mais c'est que 1° dans cette somme n'étaient pas comprises les *pensions* servies par l'État à l'ancien clergé, et qui se précomptaient sur le traitement (23 millions) ; 2° l'État laissait la majeure partie des dé-

A-t-on réfléchi que ce n'est pas seulement l'Église, mais tous les catholiques français que l'on veut ainsi dépouiller?

Que deviendront ces cinquante mille prêtres privés de traitement? L'État ou la commune reprend les églises, les séminaires, les presbytères : où célébrer le culte? où loger les ministres? Dieu merci! la foi n'est pas morte : nous ne voudrons pas laisser nos prêtres sans pain ni notre Dieu sans asile. Mais n'est-il pas souverainement injuste d'imposer de si lourdes charges à une partie de la nation, lorsqu'il existe un fonds destiné à pourvoir à tous ces besoins, et qu'il dépend d'une minorité sectaire de le confisquer à son profit?

Qu'arrivera-t-il ? Comme les bourses ne sont pas inépuisables, que, les impôts croissant et la misère se faisant de jour en jour plus profonde, il deviendra impossible de faire face aux exigences multiples de la charité, le budget des aumônes se restreindra, et ce sont les pauvres qui payeront les frais de l'intolérance fanatique de nos gouvernants. La clientèle de l'Assistance publique n'est-elle donc pas assez nombreuse ?

penses à la charge des départements et des communes. (Articles organiques, art. LXVII, § 2, LXXI, LXXII.)

III. — Résultats politiques.

Si importante que soit la question du budget des cultes, ce n'est pourtant qu'un point de vue secondaire de la séparation.

On n'opère pas du jour au lendemain un semblable divorce sans qu'il en résulte de cruels déchirements. La séparation prononcée ouvrirait, *à l'intérieur* et *à l'extérieur* de notre pays, une ère de difficultés incalculables.

A l'intérieur, ce serait la guerre sociale. Comment des politiques soucieux des véritables règles du gouvernement peuvent-ils envisager de sang-froid la perspective d'un événement qui va diviser les consciences, et mettre les volontés aux prises sur tous les points du territoire ? A quelles nécessités, à quelle poussée de l'opinion publique obéissent-ils ?

Eussent-ils la majorité dans le pays, leur tentative n'en serait pas plus légitime ; mais cette raison même leur échappe. Au recensement de 1881, 37,387,600 Français se sont déclarés catholiques, tandis que 85,000 seulement ont prétendu ne reconnaître aucun culte.

Si le recensement de 1886, voulant enlever aux catholiques le moyen de se compter, a supprimé l'indication de la religion des listes officielles, on sait bien qu'en France l'immense majorité est encore attachée à la religion nationale.

On dit que, sur ce nombre, il existe, en pratique, beaucoup d'indifférents. Cela est possible, mais combien de ces indifférents voudraient écarter le prêtre de leur mariage, de leur lit de mort, ou refuser le baptême à leurs enfants? Et d'ailleurs comment savoir ceux qui ne veulent plus du concordat?

C'est donc le droit de la majorité que l'on foule au pied sans vergogne.

L'œuvre de pacification réalisée par le Concordat est de nouveau compromise. La rupture équivaut à une déclaration de guerre. L'Église est déliée des engagements qu'elle n'avait souscrits qu'en retour des solennelles promesses de l'État français. Les aliénations de biens ecclésiastiques faites pendant la Révolution, et sur lesquelles, dans l'intérêt de la paix, elle avait passé l'éponge, sont remises en question. Les consciences se troublent et s'inquiètent.

Les intentions pieuses de tant de familles qui avaient bâti des églises, assuré des fondations, sont méprisées et violées. Comment l'idée du droit, déjà si altérée, survivrait-elle à ces injustices?

On luttera partout, dans le diocèse, dans la paroisse. Le prêtre avait dû jusqu'ici garder beaucoup de réserve. Désormais il sera l'adversaire ouvert et acharné de l'administration, le chef du parti de l'opposition dans la commune. Représailles légitimes, après tout!

Le mécontentement sera général et gagnera toutes les classes. Là où le peuple tient encore au ministère sacré, il se verra contraint de prendre sur son fonds pour en faire les frais. Alors il fera la différence entre l'aggravation de ses charges et le temps où ce service était couvert en partie par le budget. Si, par hasard, la majorité de la commune était hostile au culte, ce sera bien pis : les partis se formeront pour ou contre le maintien du curé, et la paix sera profondément troublée.

Ces nouvelles causes de discorde, s'ajoutant à toutes celles qui divisent les esprits depuis un siècle, finiront par produire l'anarchie.

Par la séparation de l'Église et de l'État, la

France compromet au dehors son influence nationale.

Le Concordat dénoncé, plus d'ambassadeur au Vatican, plus de nonce à Paris. Nos intérêts religieux, qui sont « un fait », comme le reconnaissait M. Spuller[1], n'ont plus de représentant attitré auprès du Saint-Siège. On se prive ainsi du bienfaisant concours que l'action conciliatrice du chef de l'Église peut fournir, et a si souvent prêté à l'État dans la solution de certains conflits.

Mais surtout notre *politique coloniale* recevrait le plus funeste coup de la rupture de ces rapports.

La passion seule pourrait faire contester l'immense intérêt que nous avons, à ce point de vue, à maintenir la bonne harmonie entre les deux puissances. La prospérité de nos établissements coloniaux repose avant tout sur l'influence de nos missionnaires. Partout ils ont été les précurseurs, les auxiliaires de l'action française. On sait les merveilles que réalise l'apostolat du cardinal Lavigerie en

---

[1] « La république, comme tous les gouvernements sérieux, doit tenir compte des faits, et c'est un fait que la nation française n'a pas rompu avec la religion catholique. » (Discours sur le budget de 1884.)

Algérie, en Tunisie et jusque dans le cœur du Soudan. Dans tout l'Orient, qui dit chrétienté, dit terre française ou terre ouverte aux Français.

Le fait est même devenu un droit depuis que le Saint-Siège a, dans des temps meilleurs, investi la France du *protectorat officiel des catholiques de toute nationalité en Orient*, ce qui n'a pas été sans exciter les ombrages de bien d'autres puissances catholiques, en particulier l'Italie.

Ce droit suppose évidemment que le gouvernement français prend son rôle au sérieux, et garde envers la religion catholique une attitude au moins bienveillante. Le jour où la France entrerait dans la voie de l'hostilité, notre protectorat nous échapperait. Tout récemment, le pape Léon XIII, inquiet de la politique antireligieuse de la République, avait pris le parti de négocier avec la Chine pour régler sur de nouvelles bases la situation du catholicisme. L'habile intervention de notre ambassadeur réussit à faire ajourner ce projet.

Mais vienne la séparation, « qui réclamerait en notre faveur le maintien de ce privilège? Quel droit d'ailleurs ou quel titre pourrions-nous invoquer pour ce maintien, et quel serait notre intermédiaire auprès du Vatican? Nous serions forcément obligés d'abandonner tout ce patriotisme traditionnel de la France, et de le livrer à d'autres nations plus dignes d'en conserver l'héritage [1]. »

Déjà, sans que le concordat ait reçu d'atteinte directe, on a pu voir les tristes effets de la politique de persécution entreprise par nos gouvernants. En Chine, au Tonkin, des chrétientés ont été envahies, dévastées, d'innombrables chrétiens, c'est-à-dire des amis de la France, massacrés. Funèbre écho du cri de guerre poussé en France par le radicalisme athée !

A Madagascar, d'où les décrets de 1880 chassent les jésuites qui faisaient de l'île une conquête française, la révolte éclate, et tient pendant plus d'un an en échec les forces que nous y envoyons.

En Syrie, l'Allemagne et l'Angleterre protestantes unissent leurs efforts pour supplanter notre antique influence et remplacer le protecteur-né, le *Franc,* que les populations chrétiennes bientôt ne connaîtront plus.

[1] Marquis de Gabriac, *l'Église et l'État,* etc.

Et quel moment propice choisirait la France pour consommer ainsi la rupture avec le catholicisme ? Précisément celui où, parmi les dissidents et les païens eux-mêmes, se dessine un mouvement de sympathie et de respect à l'égard de la papauté ; le moment où la Prusse abolit ses *lois de mai* et rend à ses sujets catholiques une grande partie de leurs droits ; où l'Angleterre renoue avec Rome des relations diplomatiques interrompues depuis deux siècles ; où la persécution religieuse s'apaise en Suisse ; où la Chine, la Perse, la Turquie, se joignent à l'univers chrétien pour saluer le jubilé du chef de l'Église !

Tous les gouvernements comprennent que l'Église est une force sociale, la plus vénérable, la plus efficace qui existe dans le monde, et que leur intérêt est de s'unir à elle et de favoriser son action.

Et la France catholique répondrait à cette affirmation par un acte monstrueux d'ingratitude, par un déplorable schisme qui la conduirait à la ruine sociale !...

Arrêtons-nous un instant sur ces derniers mots.

IV. — Résultats moraux.

Voilà donc l'État débarrassé de l'antique religion. Il a rejeté la contrainte que lui imposait le Concordat et marche droit au but que nous connaissons, et qui est le triomphe de la libre pensée.

Pour bien mesurer la portée de la destruction que l'on médite, il faut se placer sur le terrain *moral*. A ce point de vue, l'avenir de notre pays paraît véritablement effrayant.

Il n'est pas rare d'entendre des personnes bien intentionnées s'étonner des craintes manifestées par l'Église au sujet des conséquences morales de la séparation.

La religion, disent-elles, n'a pas besoin, pour exister, de la protection des pouvoirs publics ; ce n'est pas leur hostilité qui tuera l'Église. N'est-elle pas née dans les persécutions, et n'y a-t-elle pas toujours puisé une nouvelle vigueur ?

Nous répondrons que si les persécutions sanglantes des premiers siècles ont été, dans le dessein de Dieu, un des moyens choisis pour fonder l'Église, c'était un moyen exceptionnel, et qu'il ne faut pas transformer en une loi nécessaire. Il s'agissait de prouver la divinité de l'Église et de son fondateur. Aujourd'hui la preuve est faite. Autre chose est de lutter péniblement pour conquérir le droit à l'existence, autre chose est de défendre un domaine jusqu'alors incontesté, le domaine des âmes.

Car voilà l'enjeu : les âmes, leur liberté, leur grandeur future. Comment l'Église ne s'alarmerait-elle pas des efforts que l'on fait pour les lui arracher ?

Sans doute l'Église ne périra pas ; ce n'est pas pour elle qu'il faut craindre. Mais, si son action est entravée, combattue, dépréciée aux yeux des peuples, comment n'en résulterait-il pas pour les individus et pour la société des maux certains ?

Une minorité fidèle sentira son courage grandir avec l'épreuve ; elle se serrera autour de l'Église et formera ce noyau qui, dans toutes les persécutions, conserve les promesses de l'avenir. Mais se flatter que les masses résisteront indéfiniment à tous les dissolvants officiels qui les attaquent et les rongent serait une illusion.

En France, où le pouvoir public est presque tout et les initiatives privées si peu de chose, il suffira au gouvernement de proclamer sans détour ce que l'on a justement nommé *l'irréligion d'État*, pour déterminer un mouvement général vers le scepticisme.

Déjà les bons sont systématiquement exclus des fonctions publiques. Pour échapper aux dénonciations, aux soupçons, à plus forte raison pour arriver au succès, on sait bien qu'il faut, sinon faire profession ouverte d'impiété, du moins se cacher de sa foi et se résigner à ces durs sacrifices de relations, d'habitudes, de devoirs, qui sauvent quelquefois, qui humilient toujours.

« Le peuple, en particulier, a été amené par ces exclusions systématiques à envisager comme ses ennemis des hommes qui, par leur intégrité et leur distinction personnelle, faisaient souvent l'honneur du pays, et à considérer comme malfaisantes les doctrines auxquelles ils s'étaient sacrifiés. La complicité des mauvaises passions du cœur de l'homme s'est mise de la partie pour l'aider à rejeter une religion qui ne va pas sans imposer des obligations souvent pénibles à ceux qui les pratiquent. L'exemple peut être contagieux pour le bien, mais il l'est certainement pour le mal [1]. »

L'Église luttera, cela est évident. Mais comment pourrait-elle le faire avec avantage? Chassée de partout, de l'enseignement, des institutions charitables, de ses temples, où les chefs de la nation étaient jadis venus prier et qui serviront aux usages profanes, réduite à la mendicité, déchue de ce prestige extérieur dont aucune grandeur n'a le droit de se passer ici-bas, devenue presque étrangère au milieu d'un peuple emporté par un tourbillon de matérialisme, comment aurait-elle assez d'autorité pour parler aux consciences et leur imposer le frein d'une morale importune et démodée ?

Alors s'évanouira cet idéal de justice vers lequel soupirent toutes les âmes, et qu'elle seule peut mettre à leur portée.

« Trop souvent, en effet, le pauvre sans défense est pillé, maltraité, déshonoré. Quelle serait la profondeur de son malheur, qui le sauverait du désespoir dans ces époques troublées, s'il n'avait de recours qu'aux institutions humaines ? Mais la religion lui parle à

[1] Marquis de Gabriac, *loc. cit.*, p. 811.

chaque instant, à lui misérable et désarmé :
c'est pour lui comme pour les grands de la
terre que des églises se sont élevées au milieu
des chaumières, c'est pour lui que se dresse
une croix au détour du sentier.

« Cette infinie multitude dont chacun est
menacé par la violence a pour unique soutien
la voix mystérieuse que tout individu entend,
que nulle puissance humaine ne fera taire[1]. »

Ces compensations surhumaines que l'on
veut enlever au cœur de l'homme, par quoi
les remplacera-t-on ? — Par le néant...,
ou plutôt par la haine, le désespoir et la dégradation.

Oui, la dégradation, même avec ce progrès
matériel dont la démocratie est si fière. « *La
civilisation sans la morale et la religion peut
faire des brutes, plus brutes et surtout plus
dangereuses qu'à l'état de pure nature[2].* »

Que l'on ne nous accuse pas de pousser systématiquement au noir le tableau que nous
esquissons. Sommes-nous donc si loin des

[1] Duc d'Harcourt, *Quelques réflexions sur les lois sociales*,
Paris, Didot, 1886, p. 165.

[2] Maudsley, physiologiste anglais, *Revue philosophique*,
1er avril 1884.

horreurs de la Commune ; et n'entendons-nous pas tous les jours hurler les sauvages espérances qui veulent nous y ramener ?

Constater l'augmentation de la criminalité dans certaines catégories de la population, chez *l'enfant* par exemple, est devenu un lieu commun. Les attentats contre les mœurs ont triplé depuis vingt ans.

Voici un autre symptôme assez significatif que signale un publiciste, d'après la dernière statistique criminelle publiée par le ministère de la justice.

« Augmentation du *parricide*, du *suicide*, de la *récidive* et du *vagabondage*[1] ; diminution de l'assassinat et des crimes contre la propriété. En d'autres termes, *l'esprit de famille sombre, le sens moral s'affaisse;* les crimes qui dénotent l'affaiblissement de la volonté augmentent, ceux qui exigent une certaine énergie nerveuse et physique diminuent : *le pays tombe en anémie*[2]. »

---

[1] De 1871 à 1884, les *parricides* ont *augmenté* dans la proportion de 23 pour 100 ; les *suicides,* dans celle de 37 pour 100 ; la *récidive,* de 23 pour 100.

[2] La *Réforme sociale,* numéro du 1er août 1886. — Voici comment la même statistique analyse les *causes* des suicides : Affaiblissement des facultés mentales, 31 pour 100 ; souffrances

Que sera-ce quand la génération que forme en ce moment l'enseignement athée aura grandi, et quand elle trouvera un milieu social fait tout exprès pour elle, d'où aura disparu tout ce qui aurait pu contrarier l'essor de ses convoitises !

physiques, 25 pour 100; débauche et inconduite, 16 pour 100; chagrins de famille, 15 pour 100; misère, 13 pour 100; alcoolisme, 11 pour 100.

CONCLUSION

Certains catholiques, découragés par la
guerre que le gouvernement républicain fait
à leurs croyances, se laissent aller à croire que
la séparation, si condamnable qu'elle soit en
principe, serait préférable au régime concordataire, tel qu'il est aujourd'hui compris et
appliqué.

Sans partager l'illusion de la neutralité libérale et de la séparation américaine, ils estiment
que tout, même l'hostilité déclarée, vaudrait
mieux que l'état présent, où l'Église subit la
persécution sans en avoir l'honneur, retenue
dans une solidarité apparente où elle compromet sans utilité sa dignité et ses espérances.

C'est à ces catholiques que s'adresse parti-
culièrement cette conclusion.

Qu'ils nous permettent de leur dire qu'ils
se trompent.

La situation présente est douloureuse, il est vrai. Mais, pour qu'ils puissent escompter l'avenir et attendre le bien de l'Église d'un état de lutte violente, il faudrait qu'ils fussent assurés que la crise ne durerait que peu de jours, et que la foi des peuples résisterait à une aussi terrible secousse.

Pourraient-ils l'affirmer sans illusion ?...

La triste expérience de nos révolutions, les menaces trop fondées que ce livre vient de leur remettre sous les yeux, nous assurent que de la séparation opérée dans les circonstances présentes surgiraient de grands maux pour les âmes.

Or ce sont là des intérêts qu'il n'est jamais permis de risquer, même dans l'attente d'un sort plus favorable.

Tel qu'il est, si troublé qu'il soit, le régime concordataire se rapproche encore de cette union de l'Église et de l'État qui nous apparaît comme un idéal. C'en est assez pour que nous nous attachions à lui étroitement.

D'ailleurs une autre raison emporte toutes les autres, c'est au Concordat que s'en tient Rome ; c'est sur ce terrain que le Saint-Siège a placé la résistance. Lui seul a le droit de nous dicter ce qu'il convient de désirer, de croire et de faire, et nous ne pourrions sans indiscipline porter ailleurs nos préférences.

L'Église a besoin de toutes nos forces : ne les laissons pas s'égarer dans des efforts sans unité et sans profit. Ce serait coopérer à cette œuvre néfaste que le pape Léon XIII flétrissait tout récemment, quand il disait en parlant de notre patrie :

« Elle ne saurait oublier que sa providentielle destinée l'a unie au Saint-Siège par des liens trop étroits et trop anciens pour qu'elle veuille jamais les briser. De cette union, en effet, sont sorties ses vraies grandeurs et ses gloires les plus pures... *Troubler cette union traditionnelle serait enlever à la nation elle-même une partie de sa force morale et de sa haute influence dans le monde*[1]. »

[1] Allocution du pape aux pèlerins français, le 15 avril 1888.

APPENDICE

I

Texte du Concordat de 1801.

CONVENTION ENTRE LE GOUVERNEMENT FRANÇAIS
ET SA SAINTETÉ PIE VII, ÉCHANGÉE LE 25 FRUCTIDOR AN IX
(10 septembre 1801.)

Le premier Consul de la République française et Sa Sainteté le Souverain Pontife Pie VII ont nommé pour leurs plénipotentiaires respectifs :

Le premier Consul : les citoyens Joseph Bonaparte, conseiller d'État ; Cretet, conseiller d'État, et Bernier, docteur en théologie, curé de Saint-Laud d'Angers, munis de pleins pouvoirs ;

Sa Sainteté : S. Ém. Mgr Hercule Consalvi, cardinal de la sainte Église romaine, diacre de Sainte-Agathe *ad Suburram*, son secrétaire d'État ;

Joseph Spina, archevêque de Corinthe, prélat domestique de Sa Sainteté, assistant au trône pontifical, et le P. Caselli, théologien consultant de Sa Sainteté, pareillement munis de pleins pouvoirs en bonne et due forme;

Lesquels, après l'échange des pleins pouvoirs respectifs, ont arrêté la convention suivante :

Convention entre le gouvernement français et S. S. Pie VII.

Le gouvernement de la République française reconnaît que la religion catholique, apostolique et romaine est la religion de la grande majorité des citoyens français.

Sa Sainteté reconnaît également que cette même religion a retiré et attend encore en ce moment le plus grand bien et le plus grand éclat de l'établissement du culte catholique en France, et de la profession particulière qu'en font les consuls de la République.

En conséquence, d'après cette reconnaissance mutuelle, tant pour le bien de la religion que pour le maintien de la tranquillité intérieure, ils sont convenus de ce qui suit :

ART. 1er. — La religion catholique, apostolique et romaine sera librement exercée en France : son culte sera public, en se conformant aux règlements de police que le gouvernement jugera nécessaires pour la tranquillité publique.

Art. 2. — Il sera fait par le Saint-Siège, de concert avec le gouvernement, une nouvelle circonscription des diocèses français.

Art. 3. — Sa Sainteté déclarera aux titulaires des évêchés français qu'elle attend d'eux avec une ferme confiance, pour le bien de la paix et de l'unité, toute espèce de sacrifices, même celui de leurs sièges.

D'après cette exhortation, s'ils se refusaient à ce sacrifice commandé par le bien de l'Église (refus néanmoins auquel Sa Sainteté ne s'attend pas), il sera pourvu, par de nouveaux titulaires, au gouvernement des évêchés de la circonscription nouvelle, de la manière suivante :

Art. 4. — Le premier Consul de la République nommera, dans les trois mois qui suivront la publication de la bulle de Sa Sainteté, aux archevêchés et évêchés de la circonscription nouvelle. Sa Sainteté conférera l'institution canonique suivant les formes établies par rapport à la France avant le changement de gouvernement.

Art. 5. — Les nominations aux évêchés qui vaqueront dans la suite seront également faites par le premier Consul, et l'institution canonique sera donnée par le Saint-Siège, en conformité de l'article précédent.

Art. 6. — Les évêques, avant d'entrer en fonctions, prêteront directement, entre les mains du premier Consul, le serment de fidélité qui était en usage avant le changement de gouvernement, exprimé dans les termes suivants :

« Je jure et promets à Dieu, sur les saints Évangiles, de garder obéissance et fidélité au gouvernement établi par la Constitution de la République française. Je promets aussi de n'avoir aucune intelligence, de n'assister à aucun conseil, de n'entretenir aucune ligue, soit au dedans soit au dehors, qui soit contraire à la tranquillité publique ; et si, dans mon diocèse ou ailleurs, j'apprends qu'il se trame quelque chose au préjudice de l'État, je le ferai savoir au gouvernement. »

Art. 7. — Les ecclésiastiques du second ordre prêteront le même serment entre les mains des autorités civiles désignées par le gouvernement.

Art. 8. — La formule de prière suivante sera récitée à la fin de l'office divin dans toutes les églises catholiques de France : *Domine, salvam fac Rempublicam ; Domine, salvos fac Consules.*

Art. 9. — Les évêques feront une nouvelle circonscription des paroisses de leurs diocèses, qui n'aura d'effet que d'après le consentement du gouvernement.

Art. 10. — Les évêques nommeront aux cures. Leur choix ne pourra tomber que sur des personnes agréées par le gouvernement.

Art. 11. — Les évêques pourront avoir un chapitre dans leur cathédrale et un séminaire pour leur diocèse, sans que le gouvernement s'oblige à les doter.

Art. 12. — Toutes les églises métropolitaines, cathédrales, paroissiales et autres non aliénées, nécessaires au culte, seront mises à la disposition des évêques.

Art. 13. — Sa Sainteté, pour le bien de la paix et l'heureux rétablissement de la religion catholique, déclare que ni elle ni ses successeurs ne troubleront en aucune manière les acquéreurs des biens ecclésiastiques aliénés, et qu'en conséquence la propriété de ces mêmes biens, les droits et revenus y attachés demeureront incommutables entre leurs mains ou celles de leurs ayants cause.

Art. 14. — Le gouvernement assurera un traitement convenable aux évêques et aux curés dont les diocèses et les paroisses seront compris dans la circonscription nouvelle.

Art. 15. — Le gouvernement prendra également des mesures pour que les catholiques français puissent, s'ils le veulent, faire en faveur des églises des fondations.

Art. 16. — Sa Sainteté reconnaît dans le premier Consul de la République française les mêmes droits et prérogatives dont jouissait près d'elle l'ancien gouvernement.

Art. 17. — Il est convenu entre les parties contractantes que, dans le cas où quelqu'un des successeurs du premier Consul actuel ne serait pas catholique, les droits et prérogatives mentionnés dans l'article ci-dessus, et la nomination aux évêchés seront réglés, par rapport à lui, par une nouvelle convention.

Les ratifications seront échangées à Paris dans l'espace de quarante jours.

Fait à Paris, le 26 messidor an IX.

Signé : Joseph BONAPARTE; Hercules, cardinalis CONSALVI; CRETET, Joseph, archiepisc. Corinthi; BERNIER; F. Carolus CASELLI.

II

Budget des cultes pour 1888.

Personnel des bureaux.	205 000
Matériel des bureaux.	23 000
Impressions	8 000
Secours et dépenses diverses	2 000
Traitements des archevêques et évêques.	920 000
Traitements des curés.	4 391 400
Allocations aux vicaires généraux	497 546
Allocations aux chanoines.	904 736
Allocations aux desservants et vicaires.	31 960 000
Pensions et secours ecclésiastiques.	877 000
Mobilier des archevêchés et évêchés.	20 000
Loyers pour évêchés et dépendances des cathédrales.	11 023
Entretien des édifices diocésains.	600 000
Grosses réparations des édifices diocésains	1 000 000
Construction de la cathédrale de Gap.	60 000
Construction de la cathédrale de Marseille	100 000
A reporter.	41 579 705

Report. . . .	41 579 705
Achèvement de la cathédrale de Clermont	30 000
Restauration de la cathédrale de Séez. .	30 000
— — Nevers .	25 000
— — Évreux .	25 000
— — Reims. .	100 000
— — Bourges.	25 000
— — Amiens .	70 000
Secours pour les églises et presbytères	1 500 000
Personnel des cultes protestants. . .	1 520 100
Dépenses des séminaires protestants .	26 500
Frais d'administration de l'Église de la confession d'Augsbourg.	5 000
Personnel du culte israélite	158 900
Secours pour les édifices des cultes protestant et israélite.	40 000
Personnel du culte musulman. . . .	166 490
Matériel du culte musulman.	49 850
Frais de passage	18 000
Dépenses des exercices périmés non frappés de déchéance.	Mémoire.
Dépenses des exercices clos.	Mémoire.
Total.	45 369 545

Sur ce total, 43 384 705 francs concernent le culte catholique.

Budget général des dépenses ordinaires pour 1888 . . . .   2 975 914 777
— des dépenses sur ressources
spéciales. 473 298 150
— des dépenses sur ressources
extraordinaires 16 000 000

Total général du budget des
dépenses pour 1888 . . .   3 465 212 927

III

Tableau résumé de la situation juridique de l'Église catholique dans les principaux pays [1].

I. — PAYS CATHOLIQUES

ESPAGNE. — Le catholicisme est la *religion de l'État,* qui doit réprimer toute attaque contre les dogmes, la morale ou la discipline de l'Église.

Les évêques sont présentés, comme en France, par le gouvernement.

Les curés sont nommés par le gouvernement sur une liste de trois candidats choisis par les évêques.

L'immunité *personnelle* des clercs n'est conservée que pour les procès canoniques.

Les ordres religieux sont, en principe, libres d'exister et d'enseigner.

Le mariage religieux a force de loi ; d'après une récente convention avec le Saint-Siège, un fonctionnaire civil y assiste pour la formalité de l'enregistrement.

L'État s'attribue le droit de *recours pour abus,* dont il use d'ailleurs très rarement.

---

[1] Les principaux éléments de ce résumé ont été empruntés à un travail présenté au Congrès des jurisconsultes catholiques de 1881, par M. Théry, avocat à Lille. *L'Église et l'État,* Grenoble, Baratier, 1881.

AUTRICHE. — Depuis 1870, époque où le gouvernement autrichien a rompu, en arguant de la définition de l'infaillibilité, le Concordat de 1855, la situation de l'Église est très défavorable en ce pays.

Les évêques sont nommés d'après l'antique usage du *patronage*. Leur pouvoir disciplinaire a été presque entièrement aboli par les lois de mai 1874.

La nomination aux cures appartient à l'évêque ou au *patron*. L'État nomme directement aux cures dotées par le *fonds de religion*, c'est-à-dire le revenu des biens ecclésiastiques jadis confisqués par l'empereur Joseph II, et qui sont sous la main de l'État.

Les congrégations religieuses ne peuvent s'établir sans l'autorisation du pouvoir. Celles qui sont autorisées sont frappées de très lourds impôts.

Le mariage civil seul est reconnu par la loi.

ITALIE. — La loi ne reconnaît aucune *personne civile* ecclésiastique en dehors des *fabriques*.

Les séminaristes sont astreints au service militaire.

Le mariage civil est seul reconnu par la loi : toutefois il n'est pas nécessaire, comme en France, qu'il précède le mariage religieux.

Des lois de 1866 et 1867 ont confisqué au profit de l'État les biens des congrégations religieuses, abbayes, prieurés, etc., sauf des pensions à payer aux anciens bénéficiaires.

Une loi de 1870 a prescrit la conversion des biens des fabriques en rentes 5 pour 100 sur l'État, et frappe en outre ce revenu d'un impôt de 30 pour 100.

En 1887, les *dîmes* ecclésiastiques et autres redevances ont été abolies; tout le temporel des paroisses a été mis sous l'administration de l'État. — Il est bon de faire observer qu'en Italie les ecclésiastiques ne touchent pas de traitement de l'État.

La même loi accorde une rente de 800 francs aux curés, de 6 000 francs aux évêques, pour le cas où l'abolition des dîmes aurait abaissé leurs revenus au-dessous de cette somme.

Nous ne parlons que pour mémoire de la loi du 13 juillet 1871, dite *des garanties,* qui, prétendant consacrer la spoliation du pouvoir temporel, accorde au pape un budget que Léon XIII comme Pie IX ont toujours énergiquement refusé.

Il y a deux mois, le ministère Crispi a fait insérer par la Chambre italienne dans le Code pénal plusieurs articles contenant les dispositions les plus vexatoires contre l'Église catholique. L'article 174 notamment frappe d'une amende de 500 à 3 000 francs et de l'interdiction de tout bénéfice ecclésiastique « tout ministre du culte qui excite au mépris des institutions et des lois de l'État et des actes de l'autorité, ou à méconnaître de toute autre façon le devoir envers la patrie ». Le principal but est de bâillonner l'épiscopat et le clergé en les empêchant de réclamer l'indépendance du Saint-Siège.

Belgique. — La constitution belge garantit la liberté et la publicité du culte catholique.

L'État n'intervient pas dans la nomination des évêques ni des curés.

Il paye le traitement des ecclésiastiques. Là comme en France ce traitement est une indemnité pour la confiscation des biens ecclésiastiques opérée en 1795 par la république française.

Malgré cette liberté apparente, la situation de l'Église catholique est fortement battue en brèche par les libéraux belges; et nulle part on n'a imaginé de théories plus spécieuses pour préparer l'opinion à une spoliation future. En particulier le droit des congrégations à exister et à posséder s'est vu contesté dans ces derniers temps avec la plus évidente mauvaise foi.

II. — PAYS NON CATHOLIQUES

Angleterre. — Depuis 1829, la religion catholique y est autorisée, mais non reconnue par l'État.

L'État n'intervient nullement dans le régime intérieur de l'Église catholique, mais il interdit les manifestations extérieures du culte.

Le mariage religieux produit les effets civils pourvu qu'il soit célébré en présence d'un *registrar* et de deux témoins.

L'Église catholique peut posséder comme tous les particuliers.

ALLEMAGNE. — Les lois de 1874, autrement dit le *Culturkampf,* avaient organisé contre l'Église catholique tout un système d'oppression et de persécution. Les séminaires avaient été fermés, les évêques emprisonnés et bannis, les biens confisqués.

Depuis quelques années, grâce à la sagesse du pape Léon XIII, le gouvernement allemand est revenu à des sentiments plus favorables. En 1886 et 1887, les Chambres prussiennes ont voté des lois qui atténuent très considérablement, si elles n'abrogent pas, les trop fameuses lois de mai.

Le gouvernement de Berlin renonce à sa prétention de soustraire les élèves ecclésiastiques au régime des séminaires. La surveillance de l'éducation est rendue aux évêques. En avril 1887, quatre séminaires étaient déjà rétablis.

Les évêques recouvrent le droit de choisir et présenter les candidats pour les paroisses, sauf le *veto* du pouvoir pour la nomination définitive.

Les ordres religieux, à l'exception de la Compagnie de Jésus, sont autorisés à rentrer en Prusse.

C'est un grand pas de fait vers la pacification totale.

ÉTATS-UNIS. — En 1833, la séparation de l'Église et de l'État fut proclamée aux États-Unis.

Grâce à la liberté d'association, l'Église catholique peut y vivre dans une situation très indépendante.

Ou bien les sociétés religieuses demandent l'*incorporation*, en adoptant un des cadres ou formules tracés par la loi, ce qui leur assure le droit de posséder et d'acquérir directement. Les évêques et les prêtres administrent les biens d'église avec le concours de deux *trustees,* élus par le suffrage universel des diocésains ou des paroissiens.

La loi fixe un maximum, d'ailleurs fort large, aux biens et revenus que peuvent posséder les sociétés incorporées.

Les édifices religieux sont exempts d'impôts.

Ou bien la société religieuse, ne recourant pas au privilège de l'*incorporation*, se contente de vivre sous le régime du droit commun, en vertu duquel elle peut recevoir et posséder légalement par des *fidéicommis*. Toute donation, legs ou fidéicommis ayant une cause certaine et émanant d'une personne capable est, en effet, valable d'après le droit américain.

On a vu plus haut dans quel esprit cette législation est appliquée.

Canada. — L'Église catholique y est libre, quant aux personnes et aux biens. Toutes les *dénominations* religieuses sont d'ailleurs mises sur le même pied, « sans distinctions ni préférences ».

Malgré les avantages de ce régime en face des

sectes protestantes, malgré la ferveur et l'intelligence des Canadiens français, on ne peut méconnaître que bien des éléments de désorganisation religieuse existent et se sont fait jour au Canada, grâce à la propagande très active de la franc-maçonnerie.

TABLE

CPAPITRE IV

LES RÉSULTATS DE LA SÉPARATION

APPENDICE

19480. — Tours, impr. Mame.

www.ingramcontent.com/pod-product-compliance
Ingram Content Group UK Ltd.
Pitfield, Milton Keynes, MK11 3LW, UK
UKHW021911070726
13613UKWH00001B/476